언더우드 가족이
뉴욕대학교와
주고받은 편지

내한선교사편지번역총서 20

언더우드 가족이 뉴욕대학교와 주고받은 편지

언더우드 가족 지음
허경진 · 허글 옮김

보고사
BOGOSA

호러스 H. 언더우드와 호러스 G. 언더우드

1912년 졸업식에서 호러스 G. 언더우드는
명예신학박사 학위를 받아
아들 호러스 H. 언더우드와 뉴욕대학교 동문이 되었다.

뉴욕대학교 총장
엘머 엘스워스 브라운(Elmer Ellsworth Brown)
1911년부터 1933년까지 재임

1910년대 뉴욕대학교 유니버시티 하이츠 캠퍼스

와타나베 판사
연희전문학교 정관 작성에
주도적인 역할을 한 설립이사였다.

1917년 4월 7일,
조선총독부가 발급한
연희전문학교 기독교연합재단
법인설립허가서(좌)와
연희전문학교 설치인가서(우)

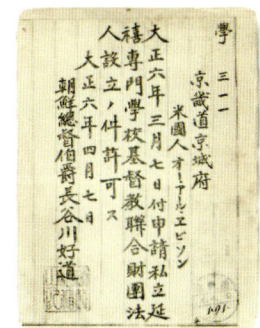
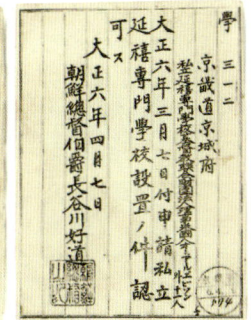

1917년, 신촌캠퍼스 부지

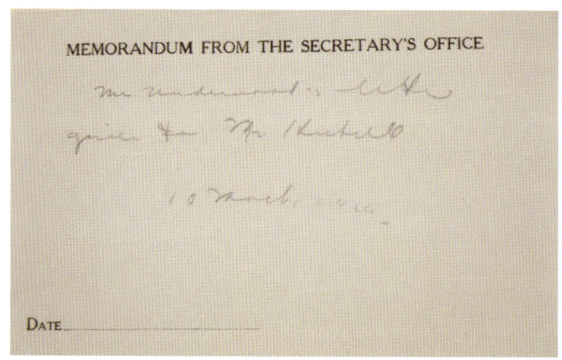

총장 비서의 메모

1906년, 언더우드의 편지가 헐버트에게 전달되었다는 내용이다.
연도가 애매한데 1916년으로 볼 수도 있다.

조선통감부의 감시보고서

일제가 선교사 호머 헐버트와 호러스 G. 언더우드를 미행하고 감시한 기록

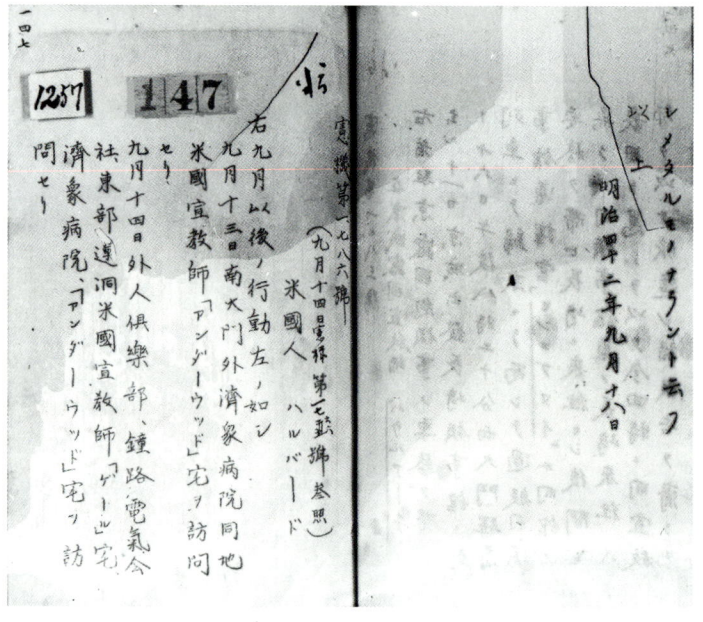

헤르초크 홀

호러스 G. 언더우드가 럿거스대학에 등록했던 시절
입주해 살았던 기숙사

J. D. 웰즈학교

호러스 G. 그랜트가 설립한 J. D. 웰즈학교는 경신학교의 영어 명칭이다.

소래휴양소

호러스 G. 언더우드가 1915년 8월에 피서하며 편지를 쓰던
소래포구의 휴양소 사진

언더우드가 1905년에 처음 집을 짓자, 사람들이 차츰 늘어났다.
사진 아래에 "소래 해변. 1915 여름"이라고 적혀 있다.

호러스 G. 언더우드가 편지를 쓰던
남산 사택 거실

벽에 적힌 "1889"는 결혼, "1914"는 은혼식을 한 해다.

조선기독교대학 설립

1915년 4월, YMCA회관

언더우드 장례식

1916년 10월 19일, 서울 YMCA

현 언더우드가 기념관

호러스 H. 언더우드가 연희전문학교 부교장이 되면서 학교 옆에 지은 집이다.
한국전쟁 중에 폭격을 당해 2층 모습이 달라졌다.

언더우드 방패 문양

언더우드관 착공

1921년, 아버지를 기념하여 언더우드관 초석을 놓는 호러스 H. 언더우드(가운데)

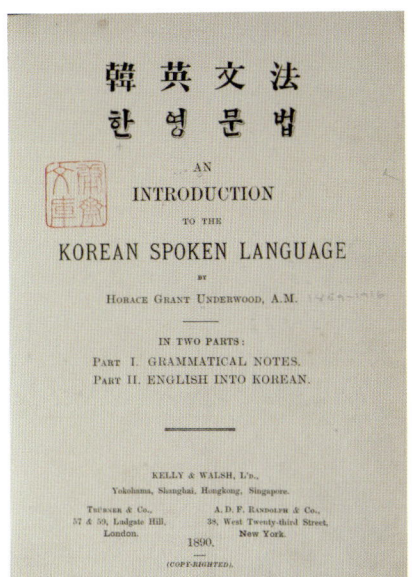

『한영문법(韓英文法)』
호러스 G. 언더우드가
1890년에 출판하였다.

韓　英　文　法
선　영　문　법

AN INTRODUCTION
TO THE
KOREAN SPOKEN LANGUAGE
BY
HORACE GRANT UNDERWOOD

IN TWO PARTS :
PART I. GRAMMATICAL NOTES
PART II. ENGLISH INTO KOREAN

SECOND EDITION
REVISED AND ENLARGED WITH THE ASSISTANCE OF
HORACE HORTON UNDERWOOD, A.B.

EUROPE AND AMERICA
THE MACMILLAN COMPANY, NEW YORK
THE FAR EAST
KELLY & WALSH, LTD., YOKOHAMA, SHANGHAI
THE KOREAN RELIGIOUS TRACT SOCIETY, SEOUL, KOREA

(ALL RIGHT RESERVED)
1914

『선영문법(鮮英文法)』
호러스 G. 언더우드가 1914년에
아들 호러스 H. 언더우드와 함께
수정 출판하였다.

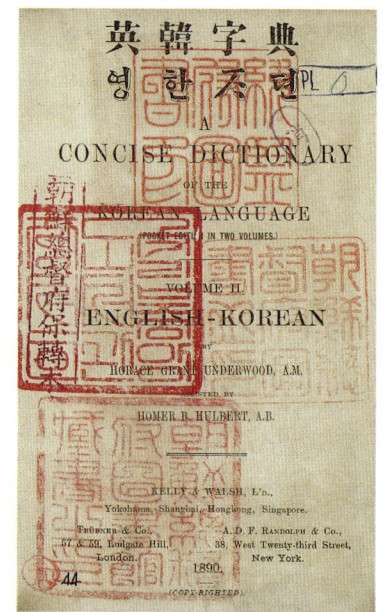

『영한즈뎐(英韓字典)』
조선총독부 보전본으로,
1890년 호러스 G. 언더우드가 출판했다.

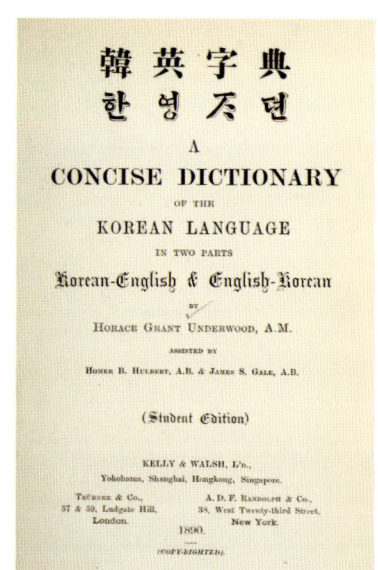

『한영즈뎐(韓英字典)』
1890년 호러스 G. 언더우드가 출판했다.

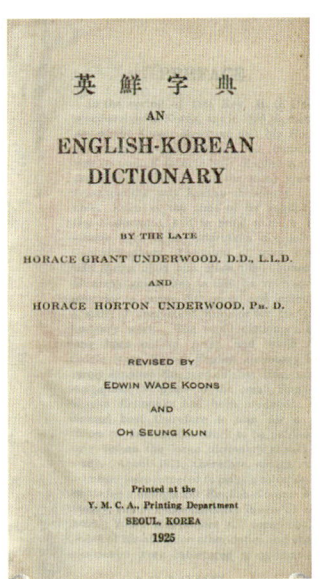

『영선자전(英鮮字典)』

1925년, 호러스 H. 언더우드가 아버지의 책을
수정하여 발간한 사전이다.
이때 '한(韓)'이 '선(鮮)'으로 변경되었다.

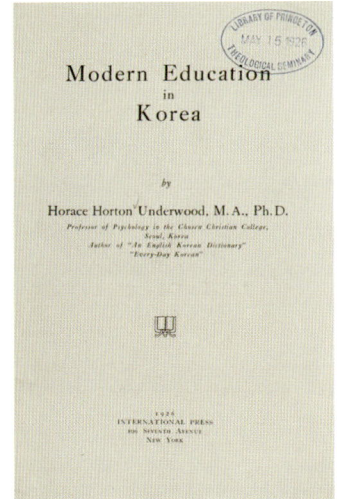 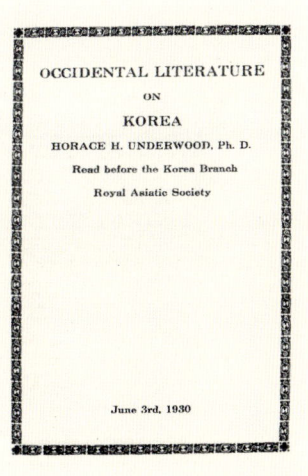

호러스 H. 언더우드의 한국학 저서들

『한국의 현대 교육학』(1926, 좌)과 『한국학 목록』(1930, 우)

언더우드 가족 사진
1923년, 브라운 총장과 편지를 주고받던 시기의 호러스 H. 언더우드 부부

THE KOREA MISSION FIELD

A Monthly Journal of Christian Progress

Issued by the Federal Council of Evangelical Missions in Korea

Vol. XXVII.   OCTOBER, 1931   No. 10

Paik Tu San, 1931
The Ever-White Mountain
MRS. HORACE H. UNDERWOOD

ON MONDAY NIGHT, July 7th, Dr. Bernita Block, Dr. J. W. Hirst, Donald Hirst, and five Underwoods left Seoul on the eleven o'clock train and fourteen hours later, at Puk Chun, took an auto and baggage truck for a day's ride to Hei San Chin. At Puk Chun our hearts were saddened to see the deserted cloisters standing by a large church, a large empty middle school building and two large well built primary schools. What happened to the schools of Puk Chun ? Tuesday night we slept at a small inn at the foot of lovely mountains. We had been over a 4,300 foot pass through a heavy fog, until even our spirits were dampened as we thought of how our journey would be if fog like that continued.

Wednesday noon we reached Hei San Chin. Dr. Underwood at once secured horses, interviewed police, and cashed money orders. Dr. Choy, head of the big Government Charity Hospital, gave us invaluable aid. Dr. Block, the boys and I took a trip over the Yalu to China with a charming young military escort. We found a Korean church and an impoverished Korean school, truly Chinese houses, Chinese shops, many Chinese soldiers, and a stone pagoda forbidden to foreign eyes. The boys picked up floating stones, were they pumice from Paik Tu San ?

Horace spoke at the Korean Church Wednesday evening, two hundred or more in attendance. Hei San Chin is fully half Japanese, there are a number of Japanese Christians, even baptized ones, but no Christian work is being done with the 2,000 Japanese.

Thursday morning the ponies were loaded and sent off. We followed by auto over the seven foot rock road, cut from the cliffs seven hundred feet above the Yalu. Trees and flowers, rock, mountain and river ; the scenery was unsurpassed ; I envied Horace each time he got out to take a picture ; after 18 miles along cliffs, we stopped that Thursday night in an upper room—clean and sweet. The Soo Won Industrial Farm has a branch there, and the men kindly doubled up to give us room. As a cold drizzle lasted through the night we were doubly grateful for this courtesy. The woman servant in this house proved to be an earnest Christian of 18 years standing. She is from Songjin, alone, with no relatives or fellow Christian. The house owner knew us all, having lived for thirteen years in Chinggo-ki (Seoul).

Friday we left the auto road and took the inland route through second growth and between millet fields, riding in turn the two saddled horses and one "Po dam hoes" (pack

211

PICTURES OF PAIK TU SAN
The Ever-White Mountain

AT THE TOP OF KOREA, THE LAKE OF HEAVEN BELOW.

THE CORDUROY ROAD THROUGH THE MARSHES.

THE HOME-LIKE SHORES OF "LAKE COMFORT".

백두산 기행문

1931년, *The Korean Mission Field*에 실린 호러스 H. 언더우드 부인의 백두산 기행문이다.

백두산 기행문에 실린 사진들

Paik Tu San, 1931
The Ever-White Mountain

MRS. HORACE H. UNDERWOOD

ON MONDAY NIGHT, July 7th, Dr. Bernita Block, Dr. J. W. Hirst, Donald Hirst, and five Underwoods left Seoul on the eleven o'clock train and fourteen hours later, at Puk Chun, took an auto and baggage truck for a day's ride to Hei San Chin. At Puk Chun our hearts were saddened to see the deserted cloisters standing by a large church, a large empty middle school building and two large well built primary schools. What happened to the schools of Puk Chun? Tuesday night we slept at a small inn at the foot of lovely mountains. We had been over a 4,300 foot pass through a heavy fog, until even our spirits were dampened as we thought of how our journey would be if fog like that continued.

Wednesday noon we reached Hei San Chin. Dr. Underwood at once secured horses, interviewed police, and cashed money orders. Dr. Chey, head of the big Government Charity Hospital, gave us invaluable aid. Dr. Block, the boys and I took a trip over the Yalu to China with a charming young military escort. We found a Korean church and an impoverished Korean school, truly Chinese houses, Chinese shops, many Chinese soldiers, and a stone pagoda forbidden to foreign eyes. The boys picked up floating stones, were they pumice from Paik Tu San?

Horace spoke at the Korean Church Wednesday evening, two hundred more or more in attendance. Hei San Chin is fully half Japanese, there are a number of Japanese Christians, even baptized ones, but no Christian work is being done with the 2,000 Japanese.

Thursday morning the ponies were loaded and sent off. We followed by auto over the seven foot rock road, cut from the cliffs seven hundred feet above the Yalu. Trees and flowers, rock, mountain and river; the scenery was unsurpassed; I envied Horace each time he got out to take a picture: after 18 miles along cliffs, we stopped that Thursday night in an upper room—clean and sweet. The Soo Won Industrial Farm has a branch there, and the men kindly doubled up to give us room. As a cold drizzle lasted through the night we were doubly grateful for this courtesy. The woman servant in this house proved to be an earnest Christian of 18 years standing. She is from Songjin, alone, with no relatives or fellow Christian. The house owner knew us all, having lived for thirteen years in Chinggo-ki (Seoul).

Friday we left the auto road and took the inland route through second growth and between millet fields, riding in turn the two saddled horses and one "Po dam hoss" (pack horse). Eight foreigners, ten horses, nine men, made quite a procession. At noon we stopped at a police station and after being refreshed by tea and cakes walked up a long, steep hill to eat our own lunch. We waited impatiently an hour for the horses, then walked ahead leaving John, James and Dr. Hirst to bring the ponies. We met a young husband carrying a fat baby, followed by his wife with two little pigs in a basket on her head. They were walking the 12 miles out to see her mother. This plateau was one garden of lilac, columbine of all colors, Solomon's seal, false, true, and dwarf roses, sweet william, hydrangia, four kinds of spirea, as well as bridal wreath. The air was heavy with the scent of syringa.

Before leaving this plateau rain started. Of course, all raincoats were on the ponies, except the special one for the camera. Dr. Block took the raincoat, the movie camera and the still camera. She also carried the field glasses and medicine kit. Some 30 pounds of pack and awkward to carry—all for one raincoat that did

브라운 총장이 받은 호러스 H. 언더우드 부인의 백두산 기행문

백두산 야영 사진
1931년 백두산에서 야영하던 모습을
촬영한 것이다.

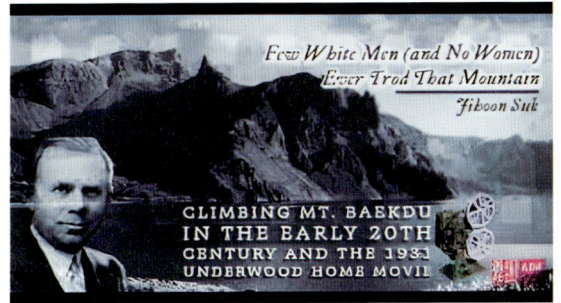

백두산 영상
호러스 H. 언더우드가 16mm 카메라로 촬영하였다.
Royal Asiatic Society Korea Branch

존 T. 언더우드

호러스 G. 언더우드의 형 존 T. 언더우드는
연희전문학교 대지 구입비와 언더우드관 건축비를 기부하였다.

존 T. 언더우드가 보낸 편지

언더우드 타자기 회사의 편지지를 사용했다.

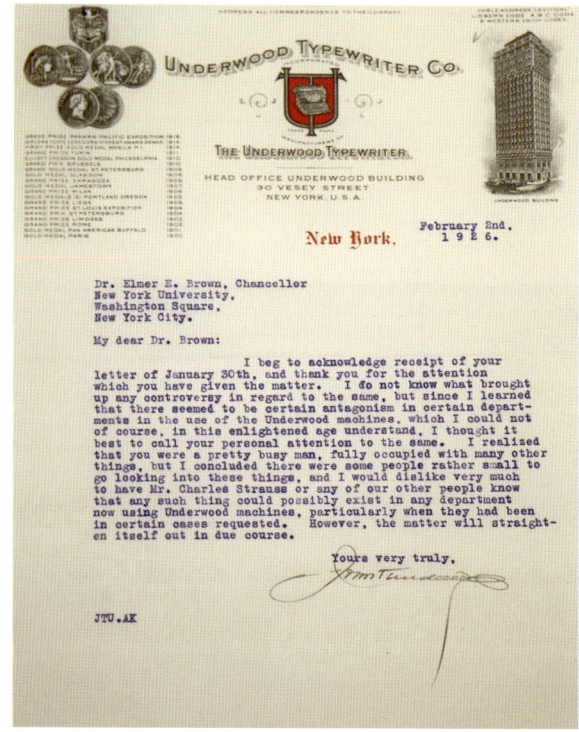

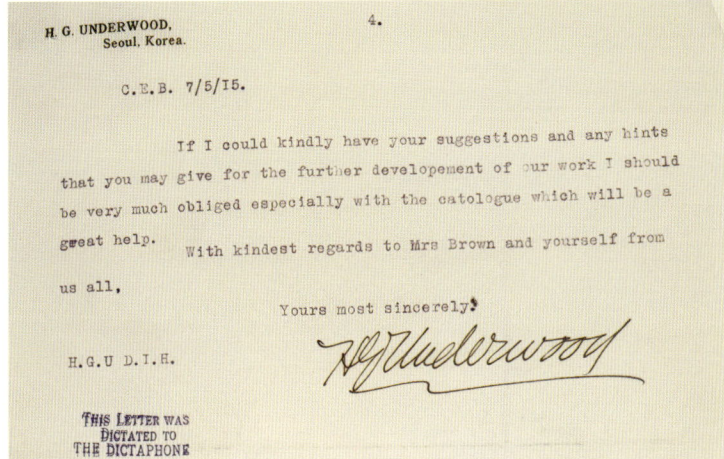

호러스 G. 언더우드가 보낸 편지
1915년 5월 7일에 뉴욕대 브라운 총장에게 보낸 것이다.

1933년, 타자 연습을 하는
연희전문학교 학생들(위)
언더우드가 타자기(아래)

March 20, 1926

Chancellor Elmer Ellsworth Brown,
Office of the Chancellor,
New York University,
Washington Square,
New York City.

My dear Dr. Brown:

A copy of your very kind letter to Mr. Homer
H. Johnson is received and in behalf of the College I wish
to thank you very much for your kindness in taking the time
and trouble to write him in this matter.

I feel sure that the very fact that you are will-
ing to do this will carry great weight with Mr. Johnson.
Personally, I naturally appreciate very much the very kind
things which you have said in it about both my father and my-
self.   I can only hope that nothing will occur to undeceive
you in the impression which you have gained of myself, but
which I fear is not by any means justified.

Thanking you again for your many kindnesses, I am,

HHU:E

Sincerely yours,

Horace H. Underwood

호러스 H. 언더우드가 브라운 총장에게 보낸 편지

1926년 3월 20일 자 편지로, 연희와 세브란스가 같이 사용한 편지지에 쓰였다.

4대가 함께 한 신촌 원씨(元氏) 집안

일제가 철거한 언더우드 동상을 1948년에 다시 세웠다.

1917년, 연희전문학교 마스터 플랜

백년이 넘게 이루어지고 있는 언더우드의 꿈

간행사

언더우드 가족 편지 번역을 축하하며

1885년 부산항을 거쳐 인천 제물포항에 입국한 언더우드 선교사는 연세의 전신인 연희전문학교를 설립하였고, 한국의 교육은 물론 종교, 문화, 언어, 병원, 정치, 사회, 한국학 등 여러 분야에 많은 업적을 남겼습니다. 그를 비롯한 언더우드 가족은 대대로 연세의 기반을 마련하고, 연세 발전을 위해 지금도 힘쓰고 있습니다.

창립 140년을 맞이한 연세는 노벨문학상 수상자를 배출하고, 아시아 사립대 1위를 넘어 세계적인 대학으로 발돋움했습니다. 하지만 '진리와 자유'라는 연세 정신의 시작을 잊어서는 안 될 것입니다. 한국인보다 한국을 더 사랑한 언더우드 가족의 공적을 잊지 않기 위해, 아무도 모르게 잊힐 뻔했던 언더우드 가족의 편지를 발굴하고 번역해 주신 허경진 교수님을 비롯한 많은 분들의 열정과 노력의 결실이 이제 모든 연세인에게 전해지게 되었습니다.

이 책이 연세인은 물론 책을 읽는 모든 독자 여러분께 새로운 시야를 열어주고, 더 나아가 깊은 영감을 줄 수 있기를 바랍니다. 언더우드 가족의 헌신과 사랑이 널리 읽히고 사랑받기를 기원합니다. 감사합니다.

2025년 3월
연세대학교 총동문회
회장 이경률

차례

일러두기

1. 언더우드 가족이 뉴욕대학교와 주고받은 편지는 New York University Archives 소장 Records of the Office of the Chancellor(Elmer Ellsworth Brown) RG.3.0.4, 럿거스대학과 주고받은 편지는 Rutgers College Office of the President(William H. S. Demarest)를 저본으로 하여 번역하였다.
2. 번역문, 원문 순서로 수록하였다.
3. 원문에서 식별하기 어려운 내용은 [illegible]로, 번역문에는 [판독 불가]로 표기하였다.
4. 이해를 돕기 위해 필요한 경우 원문 또는 한자를 소괄호 '( )'로 병기하였다.
5. 역자가 설명을 첨가한 경우 대괄호 '[ ]'로 구분하였다.
6. 인물 명칭은 『내한선교사사전』(한국기독교역사연구소, 2022)의 표기를 따랐다.
7. 'Korea(Corea)'는 대한제국이 선포된 1897년을 기준으로 이전은 '조선'으로 이후는 '한국'으로 번역하되, 예외적으로 문맥상 '조선'으로 번역하는 것이 더 자연스러운 경우 '조선'으로 번역하였다.
8. 편지는 작성된 날짜 순으로 수록하였으나, 독자의 이해를 돕기 위해 일부는 내용과 맥락을 고려하여 순서를 조정하였다. 당시 미국으로 편지를 보내는 데 약 한 달이 소요되었으며, 경우에 따라 앞서 보낸 편지를 받지 못한 상태에서 후속 편지를 작성해야 하는 상황도 발생했다.

　지금까지 언더우드 집안의 기록은 연희전문학교 설립자 호러스 G. 언더우드(1885~1916) 중심으로 수집되고 정리되었다. 공식적인 첫 번째 내한 선교사이자 제중원, 세브란스병원, 새문안교회, 연희전문학교 등 여러 기관을 설립하거나 성서를 번역하고 다양한 교단 연합사업을 주도한 그의 업적을 정리하기 위해 당연한 일이기도 하였다.

　그러다보니 그의 선교를 도와주고 신촌의 연희전문학교 대지 구입비, 언더우드관(대한민국 사적 제276호) 건축비 등을 기부한 그의 형 존 T. 언더우드(1857~1937)라든가, 서울 정동에서 태어나 뉴욕대학교에서 학업을 마치고 1912년 장로교 준선교사로 한국에 재입국하여 연희전문학교 교장으로 학교를 발전시켰으며 1946년 미군정 장관 고문으로 재입국하여 한국전쟁 중 부산에서 소천한 그의 아들 호러스 H. 언더우드(1890~1951)의 기록은 상대적으로 덜 알려졌다. 그의 아들 호러스 H. 언더우드야말로 식민지 서울에서 태어나 대한민국 임시수도 부산에서 죽은 한국인이자, 연희전문학교 옆에 집을 지어 신촌(新村) 원씨(元氏)를 시작한 인물이기도 하다.

1. 뉴욕대학교 소장 언더우드 가족 편지의 중요성

　지금까지 호러스 G. 언더우드의 선교 기록은 김인수, 『언더우드 목사의 선교편지』(장로회신학대학교출판부, 2002)에서 필라델피아의 장로교사료보관소에 소장되어 있던 편지와 보고서들이 번역 출판되었고, 이만열·옥성득 편역 『언더우드 자료집 I-V』(연세대학교출판부, 2005~2010)에서는 편지와 보고서 뿐만 아니라 회의록과 잡지 기사, 연설문까지 총망라하였다.

이 책들은 장로교 교단 관련 아카이브에서 수집된 자료들을 정리한 것인데, 그 뒤 김종우 역, 『언더우드 선교사의 미국무부재외공관문서 편지』(보고사, 2022)에서 국가가 소장하였던 언더우드의 편지를 번역 출판하였다. 이번에 출판하는 『언더우드 가족이 뉴욕대학교와 주고받은 편지』는 뉴욕대학교의 동문인 호러스 G. 언더우드와 호러스 H. 언더우드 부자, 그리고 호러스 G. 언더우드의 형 존 T. 언더우드가 뉴욕대학교 브라운 총장과 주고받은 편지들을 전사하고 번역한 것이다. 문서 명칭은 New York University Archives에 소장된 Records of the Office of the Chancellor(Elmer Ellsworth Brown) RG.3.0.4 이며, 편지와 메모가 57건, 설문지와 보고서가 2건, 기행문이 1건, 모두 60개 문서가 세 개의 폴더에 들어 있다.

이 편지들이 뉴욕대학교에 있다는 것도 중요하지만, 1915년 조선기독교대학(Chosun Christian College) 인가를 전후한 시기에 호러스 G. 언더우드가 마지막 1~2년 동안 쓴 편지들이 소장되어 있다는 점에서도 중요하다. 그리고 언더우드 가족이 뉴욕대학교 총장과 주고받은 편지들의 중심에 조선기독교대학, 연희전문학교 설립과 운영이라는 공통점이 있다는 점이 가장 중요하다. 브라운 총장은 편지를 보낼 때마다 반드시 사본을 남겨 두었기 때문에, 이 책의 제목이 "주고받은 편지"가 될 수 있었다.

2. 호러스 G. 언더우드가 뉴욕대학교 브라운 총장과 주고받은 편지

호러스 G. 언더우드가 주고받았던 편지와 메모는 브라운 총장 문서

69번 박스 폴더 12에 9편이 들어 있다. 대부분의 편지는 조선기독교대학이 개교하던 1915년에 주고받았으며, 마지막 1편은 병을 치료하기 위해 한국을 떠나던 1916년 4월에 썼다. 그런데 다소 엉뚱하게도 1906년에 쓴 메모가 폴더 14, 존 T. 언더우드의 편지 속에 섞여 있다.

Memorandum From the Secretary's Office

Mr. Underwood's letter

given to Mr. Hulbert

10 March, 1906

Date

이 메모는 호러스 G. 언더우드가 브라운 총장과 자주 편지를 주고받기 10년 전, 브라운 총장이 취임하기 전에도 이미 언더우드와 총장실 간에 편지가 오갔던 정황을 보여주는데, 그는 뉴욕대학교 동문일 뿐만 아니라 1891년 6월에 명예 신학박사학위를 받고 1902년 6월 졸업예배에서 설교를 했던 사람이었으니 이런 메모가 남아 있다고 해도 특별히 이상하지는 않다. 비서가 총장에게 전달한 메모는 흘려 써서 판독하기가 힘들었지만, "언더우드 씨의 편지가 헐버트 씨에게 전해졌습니다. 1906년[1] 3월 10일"이라는 내용이다.

호머 헐버트(Homer B. Hulbert) 선교사는 을사늑약이 일제의 강압에 의해 체결되었으므로 무효임을 알리기 위해 1905년 10월 고종황

---

1 글씨가 흐릿해서 확실치 않은데, 1916년, 또는 1926년으로 읽을 가능성도 있다. 그러나 1916년이라면 헐버트도 미국에 와 있었으니 굳이 뉴욕대학교 총장실에 맡겨 놓고서 찾아가게 할 필요가 없이 직접 우편으로 부쳤을 것이다. 1926년이라면 존 T. 언더우드가 헐버트에게 총장실을 거쳐서 편지를 보내야 할 개연성이 더욱 없었을 것이다.

제의 친서를 전달하는 특사로 미국을 방문하였지만, 국무장관에게 친서를 전달하기 전에 이미 한국의 외교권이 박탈되었으므로 아무런 효과가 없었다. 루스벨트 대통령은 일본과 러시아의 강화회담과 포츠머스 조약 체결의 중재자로 평화에 기여한 공로를 인정받아 노벨평화상을 받았다. 헐버트는 1906년 6월초까지 미국에 머물면서 한국에서 새로운 연락이 오기를 기다렸다.

헐버트가 1906년 3월 25일 동생 아처 헐버트에게 보낸 편지에는, 언더우드의 편지를 기다리는 사연이 실려 있다.

아처에게,

어제 한국에서 편지를 받았지만, 받을 것이라고 한 지시에 대한 내용이 전혀 없었다. 이 모든 것이 무엇을 의미하는지 매우 혼란스럽다. 지시를 담은 편지가 이곳에 도착할 충분한 시간이 되었는데 왜 아직 도착하지 않았는지, 그리고 왜 언더우드가 편지에 대해 아무런 언급도 하지 않는지 이유를 모르겠다. 하지만 나는 몇 주 더 기다리겠다. 만약 아무 소식이 없으면 서울에 전보를 보낼 예정이다.[2]

언더우드의 편지를 3월 10일에 전달받은 헐버트는 누군가의 지시를 담은 편지, 추측하자면 고종황제의 지시를 담은 새로운 편지를 기다리다 지쳐서 3월 25일 동생 아처 헐버트에게 상황을 알아봐 달라는 부탁 편지를 보냈다. 그리고 언더우드가 지난번 편지에서 왜 속시원하게 지시를 전달하지 못했는지 궁금해하였다. 언더우드가 헐버트에게 직접 편지를 보내지 못하고 뉴욕대학교 총장실을 거쳐 전달한 이유는

---

2   Colorado College 도서관 Archer Butler Hulbert Papers에 있는 편지이다.

조선총독부로부터 미행과 검열을 당하고 있었기 때문이다.

총장실을 거쳐 헐버트에게 전달된 호러스 G. 언더우드의 편지는 사본을 남기지 않았기에 그 내용을 확인할 수는 없다. 이 직후에 헐버트에게 전해진 지시는 제2차 헤이그 만국평화회의 특사 파견이다. 고종황제가 헐버트에게 수여한 특사증의 발급 일자는 1906년 6월 22일이다. 헐버트는 통감부가 자신을 감시하고 있다는 사실을 잘 알고 있었으므로, 이 특사증도 언더우드의 편지와 마찬가지로 제3자, 즉 유럽 여행을 떠나는 미국 남장로교의 윌리엄 불(William F. Bull) 선교사에게 가져가달라고 부탁하였다. 헐버트는 불 선교사를 모스크바에서 만나 특사증을 전달받고 헤이그 만국평화회의에 참석하였다.

헐버트는 1907년 헤이그 평화클럽에서 국권 늑탈의 부당성을 비판하는 강연을 한 뒤에 결국 한국으로 돌아오지 못하다가, 1909년 비밀리에 미국 정부가 주선한 경호원과 함께 한국을 방문하여 한국선교 25주년 기념행사에 참석하고, 일신상의 업무들을 정리한 뒤에 미국으로 돌아갔다. 조선통감부 비밀경찰은 이 시기에 헐버트를 미행하여 감시보고서를 제출하였는데, 1909년 09월 18일에 작성한 헌기(憲機) 제1786호 「미국인 헐버트의 행동에 관한 보고」만 살펴봐도 헐버트와 관련된 인물이라는 이유로 언더우드 또한 계속 미행당하고 있음이 확인된다.

미국인 헐버트

위 사람의 9월 이후의 행동은 다음과 같다.

9월 13일 남대문 밖 제중원(濟衆院), 같은 지역 미국인 선교사 언더우드의 집을 방문했다.

9월 14일 외국인 클럽, 종로전기회사, 동부 연동(蓮洞) 미국인 선교사

게일의 집, 제중원 언더우드의 집을 방문했다.

9월 15일 미국총영사관, 제중원, 외국인 클럽에 들르고, 밤에는 게일 집의 기도회에 참석했다.

9월 16일 종로 기독교청년회, 외국인 클럽, 게일의 집, 교회 등을 방문했다. 또 동인(同人)이 소유한 아사히마치(旭町)의 가옥은 현재 방매(가격 1만 9,000원)에 부심하고 있는 모양이지만, 매수인이 없기 때문에 약간 곤란한 상황이라고 한다.

이상.

메이지(明治) 42년 9월 18일

언더우드는 평양을 고집하는 다른 선교사들을 10년이나 설득하여 서울에 기독교 대학을 세웠다. 대부분의 선교사들은 기독교인이 훨씬 많은 평양에 기독교 대학을 세워야 한다고 주장했으며, 투표할 때마다 평양이 이겼다. 미국의 유명한 아이비리그 대학들이 모두 지방에 있는 것도 사실이지만, 언더우드는 자신이 뉴욕대학교를 다니던 시절에 맨하탄이 눈부시게 발전하여 마천루가 곳곳에 세워지는 모습을 보고 들으며 성장하였고, 전국의 청년들이 모여들어 대학도 발전하는 것을 보았다. 그래서 한국의 중심지인 서울에 기독교 대학을 세워 지도자를 키우자고 설득하였다. 투표할 때마다 그를 지지하는 선교사들이 하나둘 늘어났으며, 결국 1913년 2월 뉴욕에서 열린 합동위원회에서 서울을 대학설립지로 선정하였다.

조선총독부가 1915년 3월 24일에 개정사립학교규칙을 공포하자, 대학 설립을 오랫동안 준비해왔던 언더우드는 4월 12일 서울 YMCA 회관에서 조선기독교대학(Chosun Christian College)을 개교하고 초대 교장으로 취임하였다. 그러나 한국의 학교제도가 일본의 학교제도와 다르고 미국의 제도와도 다르며, 한국에서 앞으로 인문학보다는 산업을 더 발전시켜야 한다고 생각했던 언더우드는 전문학교 수준으로 격상시킬 교과과정을 마련하기 위해 1915년 5월 17일 뉴욕대학교 엘머 브라운 총장에게 편지를 보내어 그간의 사정을 설명하고 뉴욕대학교의 교육 과정을 아주 명확하게 설명하는 최신 안내책자와 교과계획을 보내달라고 부탁하였다. 단순히 자료를 요청하는 것이 아니라, 일본의 중등학교인 메이지가쿠인(Meiji Gakuin)이 대학과정 교육을 접목하면서 대학으로 발전해 가는 모습도 설명하였다.

주고받은 편지를 날짜순으로 정리한 주요 내용은 아래와 같다.

1915년 3월 31일(브라운)
언더우드 부자가 공동으로 저술한 개정판 『선영문법(鮮英文法)』을 받고 기뻤다는 것과, 뉴욕대학교 재학생 숫자가 무서운 숫자로 증가하고 있으며 유니버시티 하이츠의 성장 소식을 알림.

1915년 5월 7일(언더우드)
아들과 함께하는 문법서 개정판 작업 소식과 4월 12일 대학 업무를 시작했음을 알리며 뉴욕대학교 안내책자를 요청함.

1915년 7월 2일(브라운)
5월 7일 편지의 답신. 1915년 이후 학교에서 종교 교육을 배제하는 법령에 우려를 표하며 클라크대학의 3년 과정과 뉴욕대학교의 최근 자료를 보냄. 직업교육의 중요성을 강조함.

1915년 8월 26일(언더우드)
한국의 종교와 교육의 분리에 관해 브라운 총무에게 보낸 편지를 동봉함.

1915년 8월 26일(언더우드)
해외선교위원회 브라운 총무에게 보낸 편지로 소래 휴양소에서 남장로교 레이놀즈 선교사와 함께 성경을 번역하고 있다는 근황을 알림. 일본 제국의 교육과 종교 분리 정책에도 가쿠인(學院)에서는 성경을 가르칠 수 있으므로 조선기독교대학은 J. D. 웰즈학교, 즉 경신학교 헌장에 따라 종교 교육을 할 수 있고, 10년간 유예 기간이 있음을 전함.

1915년 9월 29일(언더우드)

노스 박사에게 보낸 편지를 동봉했음을 알림.

1915년 9월 29일(언더우드)

조선총독부 종교 교육 정책을 미국감리교 해외선교위원회 노스 박사에게 전달함.

1915년 12월 29일(브라운)

교육 관련 정부 출간물 수집 중임을 알리며 뉴욕대 동문들의 선교사업에 감명을 받았음을 전함.

1916년 4월 3일(언더우드)

미국 교육국 책자들을 받은 데 대해 감사를 표시함. 건강이 좋지 않아 4월 14일 미국으로 치료하러 떠날 것이며. 아들이 조선기독교대학 업무를 대행하기 위해 뉴욕대학교 대학원 진학을 늦추게 되었다는 소식을 알림.

3. 호러스 G. 언더우드가 럿거스대학과 주고받은 편지

호러스 G. 언더우드가 럿거스대학(Rutgers College)과 주고받은 편지들의 저본은 Rutgers College Office of the President(William H.S. Demarest)이다. 언더우드가 럿거스대학에 편지를 보내어 교과과정을 보내달라고 부탁한 이유는 럿거스대학을 2년간 등록했던 적이 있기 때문이다. 1881년 뉴욕대학교 문리대를 졸업한 언더우드는 곧바로 뉴브런즈윅화란개혁신학교(New Brunswick Theological Seminary)

에 입학하였다. 그가 다니던 그로브 교회의 메이본 목사가 이 학교의 교수이기도 하였는데, 그는 고등학생 언더우드를 뉴욕대학교와 뉴브런즈윅신학교에 입학하도록 지도하였다. 그가 1학년 때 입주한 기숙사 헤르츠크 홀 32호의 절반 정도는 럿거스대학 출신들이었다.

1881년 뉴브런즈윅신학교에 입학한 언더우드는 9월 20일 시작하는 럿거스대학의 대학원 과정에도 등록하였다. 럿거스대학 캠퍼스 안에 뉴브런즈윅신학교가 있었으며, 두 학교 다 화란개혁교회가 설립하고 운영하였다. 미국 독립전쟁 이전에 정식 학위를 수여하던 9개 대학 가운데 여덟 번째로 설립되었는데, 1945년에 뉴저지 주의 주립대학이 되었다.

언더우드가 럿거스대학 대학원에 등록한 이유는 학위 취득 방법이 다양했기 때문이다. 학위논문을 제출하는 것 외에도 시험을 통해 석사학위를 받을 수 있었으며, 신학교를 졸업하고 3년간 등록하면 신청 자격이 주어졌다. 그러나 언더우드가 2년째 등록한 뒤에 대학원 규정이 바뀌어 타교 출신은 논문을 제출해야 석사학위를 수여받을 수 있게 되었다. 언더우드는 결국 예전의 학위 수여 제도를 운영하던 뉴욕대학교로 학적을 옮겨 1884년 6월 졸업식에서 문학석사학위를 받았다.

조선총독부가 1915년 3월 24일에 개정사립학교규칙을 공포하자, 대학 설립을 오랫동안 준비해 왔던 언더우드는 4월 12일 서울 YMCA 회관에서 조선기독교대학을 개교하고 초대 교장으로 취임하였다. 그러나 한국의 학교 제도가 일본, 미국의 제도와 다르고 한국에서 앞으로 인문학보다는 산업을 더 발전시켜야 한다고 생각했던 언더우드는 전문학교 수준으로 격상시킬 교과과정을 마련하기 위해 1915년 10월 23일 럿거스대학 학장인 W. S. D. 데마레스트 박사에게 편지를 보내어 그간의 사정을 설명하고 럿거스대학의 안내책자를 부탁하였다. W.

S. D. 데마레스트 박사는 같은 해 11월 19일에 안내책자와 기타 참고 자료를 보내면서, 구체적인 질문이 있다면 언제든 최선을 다해 답변하겠다고 편지를 보내왔다.

4. 호러스 H. 언더우드가 뉴욕대학교 브라운 총장과 주고받은 편지

호러스 H. 언더우드는 1922년 10월 12일 브라운 총장에게 보내는 편지에 썼다시피 1912년 뉴욕대학교 졸업생이다. 그가 주고받은 편지와 메모는 브라운 총장 문서, 69번 박스, 폴더 13에 37편이 들어 있다. 조선기독교대학이 연희전문학교로 발전하고 유학생들이 언더우드 가족의 모교인 뉴욕대학교로 유학가거나 시찰하는 단계에 올랐으므로 오고간 편지가 많았기에 중요한 편지만 소개한다.

1919년 11월 19일(언더우드)
서울 선교지 보고서 5부를 별책으로 보냄.
1919년 12월 27일(브라운)
뉴욕대학교 올해 학생 수가 1만 명을 넘어서고, 6백만 불 기금 캠페인을 진행하고 있음을 알림.
1922년 10월 12일(언더우드)
내년에 모교 대학원에 진학할 예정이며, 연희전문학교 졸업생 몇 명도 유학을 떠났다는 소식을 전함. 미국에서 할 일을 계획하기 위해 뉴욕대 최신 카탈로그를 부탁함. 졸업생이 뉴욕대에 진학하면 장학금을 받을 수 있는지 문의함.
1922년 11월 15일(브라운)
연희전문학교 졸업생 2명에게 실습비를 제외한 장학금을 2년간 지급하겠으며, 호러스 H. 언더우드의 삼촌 존 T. 언더우드의 상처가 회복되어 기쁘다는 소식을 알림.

1922년 12월 30일(언더우드)

한국에서의 교육 활동을 위해 미국 박사학위가 필요함을 알리며 본인의 1923년 교육대학원 장학금을 부탁함.

1923년 3월 27일(브라운)

모교 대학원에 진학하는 언더우드에게 실습비를 제외한 모든 학비를 장학금으로 지원할 것을 알림.

1925년 6월 29일(브라운)

연희전문학교 졸업생 최순주의 뉴욕대학교 박사과정 학비를 지원해달라고 스톡스 재단의 클라크 판사에게 보낸 추천서.

1926년 2월 6일(언더우드)

뉴욕대학교 1881년 졸업생인 아버지가 출판했던 『영한사전』을 수정·보완하여 보냄. 작년 뉴욕대 경영대학원에 유학한 최순주에게 장학금을 지급한 것에 감사를 표함.

1926년 3월 6일(언더우드)

『영한사전』을 동문회보에 소개해 준 것에 감사를 전함. 연희전문학교가 홀 에스테이트에 신청한 기부금을 받게 도와주기를 부탁함.

1926년 3월 17일(브라운)

연희전문학교에 기부해 달라고 홀 에스테이트의 신탁관리자 존슨에게 보낸 추천서 사본.

1926년 4월 30일(언더우드)

뉴욕대학교 박사논문을 수정해 출판한 『한국의 현대식 교육』을 보냄.

1926년 6월 3일

호러스 G. 언더우드 부인의 교육대학원 학비를 면제한다는 내용의 편지이나, 호러스 H. 언더우드 부인을 잘못 기재함.

1931년 6월 11일(언더우드)

내년에 미국을 8개월간 방문하는 연희전문학교 유억겸 교수를 도와달라고 부탁함.

1931년 11월 11일(언더우드)

브라운 총장의 전략을 빌려 정기적으로 동문들에게 서신을 보내고 있다는 소식을 전하며 아내의 백두산 기행문을 함께 보냄.

1931년 12월 23일(브라운)

호러스 H. 언더우드 부인의 백두산 기행문을 재미있게 읽었으며, 자신의 아내도 흥미롭게 읽었음을 알림.

5. 존 T. 언더우드가 뉴욕대학교 브라운 총장과 주고받은 편지

호러스 G. 언더우드의 형이자 한국 선교 후원자인 존 T. 언더우드가 뉴욕대학교와 주고받은 편지 10통과 문서 2통이 브라운 총장 문서, 69번 박스, 폴더 14에 들어 있다. 문서는 뉴욕대학교가 타자기를 구입할 때에 직원들에게 배부했던 타자기 회사 선호도 설문지와 그 결과를 정리한 타자기 인기도 조사보고서이다.

1921년 12월 8일(언더우드)

한국에서 선교 활동을 하던 제수 릴리아스 호튼 언더우드 부인이 남편과 같은 질병인 복강병(Sprue)으로 사망했음을 알림.

1926년 2월 2일(언더우드)

뉴욕대학교 타자기 구입 과정에서 불공정한 절차가 있었음을 알리고 시정을 요구함.

1926년 3월 29일(브라운)

언더우드 타자기 회사에 불리한 타자기 구매 표준화가 아직도 진행되고 있다는 점을 확인하고, 언더우드에게 사과함. 담당자를 공정한 직원으로 교체함.

1926년 4월 12일(언더우드)

타자기 구매 관련 일부 부서에 대하여 문제 제기. 언더우드 타자기를 구입하는 조건으로 뉴욕대학교에 3,000불을 기부함.

1926년 4월 13일(브라운)

재무팀에 보고서를 요청하였으며, 앞으로도 타자기 구입에 관한 일을 공정하게 처리할 것을 약속함.

6. 호러스 H. 언더우드 부인의 백두산 기행문

호러스 H. 언더우드 가족 5명이 세브란스병원 의사들과 함께 백두산을 등반한 기록이다. 1931년 7월 7일(월) 밤 11시 기차로 함경남도 북청까지 가서 9일(수) 혜산진, 10일(목) 개마고원, 12일(토) 백두산 자락, 14일(월) 무타봉에서 숙박한 뒤에 15일(화)에 백두산 정상과 천지(天池)를 답사하였으며, 16일(수)에는 휴대용 보트를 타고 천지의 깊이를 측정하였다. 17일(목)에 하산을 시작하여 19일(토)에 혜산진에 이르기까지 12박 13일의 일정을 기록하였는데, 백두산과 천지 답사가 분량도 가장 많고 식물들의 묘사도 자세하다.

이 기행문은 1931년, 국내 선교 월간지인 *Korean Mission Field* 10월호에 실렸는데, 호러스 H. 언더우드가 11월 11일 브라운 총장에게 편지와 함께 부쳐준 기행문은 같은 내용이지만 낱장으로 되어 있다. 브라운 총장은 12월 23일 편지에서 자신은 물론, 자신의 아내도 흥미롭게 읽었음을 밝혔다.

같은 시기에 호러스 H. 언더우드는 16mm 영사기로 서울 숙소를 출발하는 장면부터 백두산에 오고가는 장면들을 촬영하였는데, 32분

40초 분량의 이 필름은 당시 14세 소년으로 여행에 동행했던 그의 아들 원일한(미국명은 할아버지와 같은 Horace Grant Underwood) 박사가 1984년 KBS TV에 공개하여 세상에 알려졌다. 이 필름을 기증하는 과정과 필름의 내용은 '인터뷰 365' 사이트(interview365.com)에서 「24년 전 백두산 필름 TV로 처음 공개한 원일한 박사」라는 제목으로 검색할 수 있다.

이 필름은 'KBS와 대한민국역사박물관이 함께 만든 움직이는 현대사 선명한 역사' 사이트(archive.much.go.kr/history_films.do)에서 「언더우드 가족의 백두산 기행」이라는 제목으로 공개하고 있다. 사이트는 이 영상에 대해 "본 영상은 미국의 선교사 호러스 호턴 언더우드(Horace Horton Underwood) 가족의 백두산 여정을 담고 있다. 백두산을 오르는 모습, 백두산 천지의 전경과 천지에서 배를 타는 장면, 압록강 인근에서 채취한 목재를 뗏목으로 만들어 이동하는 모습 등을 확인할 수 있다"고 요약하여 설명하고 있는데, 1933년에 제작하였다는 설명은 잘못되었다. 화면은 선명하고, 사운드 없이 재생된다.

번역문

1

호러스 G. 언더우드가
뉴욕대학교와 주고받은 편지들

1906년 3월 10일

비서실 비망록[1]

언더우드 씨의 편지가 헐버트 씨에게 전해졌습니다.
1906년 3월 10일

날짜

---

1   이 문서는 편지가 아니라 뉴욕대학교 총장실 비서가 총장에게 전달한 비망록
(memorandum)이다. 비망록 용지에 연필로 흘려 써서 판독하기가 힘들다. 헐버
트 선교사는 을사늑약이 일제의 강압에 의해 체결되었으므로 무효임을 알리기
위해 1905년 10월 고종황제의 친서를 전달하는 특사로 미국을 방문하였지만,
국무장관에게 친서를 전달하기 전에 이미 한국의 외교권이 박탈되었으므로 아무
런 효과가 없었다. 루스벨트 대통령은 일본과 러시아의 강화회담과 포츠머스 조
약 체결의 중재자로 평화에 기여한 공로를 인정받아 노벨평화상을 받았다. 헐버
트는 1906년 6월 초까지 미국에 머물면서 한국으로부터 새로운 연락이 오기를
기다렸다.
헐버트가 1906년 3월 25일, 동생 아처 헐버트에게 보낸 편지에 언더우드의 편지
를 기다리는 사연이 실려 있다.
  "아처에게,
어제 한국에서 편지를 받았지만, 받을 것이라 한 지시에 대한 내용이 전혀 없었다.
이 모든 것이 무엇을 의미하는지 매우 혼란스럽다. 지시를 담은 편지가 이곳에
도착할 충분한 시간이 되었는데 왜 아직 도착하지 않았는지, 그리고 왜 언더우드
가 편지에 대해 아무런 언급도 하지 않는지 이유를 모르겠다. 하지만 나는 몇
주 더 기다리겠다. 만약 아무 소식이 없으면 서울에 전보를 보낼 예정이다."

1915년 3월 31일

호러스 그랜트 언더우드 목사님
서울, 한국

언더우드 박사님께,

오늘 아침에 도착한 교수님의 저서 『한국어 회화(Conversational Korean)』[2]를 받아보게 되어 매우 기뻤습니다. 책도 책이지만, 교수님과 제가 뉴욕대에 처음 왔을 때[3] 졸업반이었던 아드님에 대한 즐거운 추억을 떠올리게 합니다. 저는 교수님과 가족 모두가 이 훌륭하고 어려운 일을 잘 해내고 계시리라 믿습니다. 뉴욕에서 뵌 이후 힘든 시기를 보내셨을 텐데, 그 노고가 궁극적으로 좋은 결과를 가져올 수 있기를 바랍니다.

교수님의 형님께서 지난 여름 유럽 여행에서 돌아온 후, 직접 뵙지는 못하였으나 한두 번 소식을 들었습니다. 조만간 다시 만날 수 있기를 바랍니다.

올해는 뉴욕대학교에 있어 아주 흥미로운 한 해가 되어가고 있으며, 상당한 진전이 이루어지고 있다고 생각합니다. 학생 수가 무서운 속도로 증가하고 있습니다. 최근 집계에 따르면 학생 수가 6,500여 명에 달하며, 이 중 700여 명이 유니버시티 하이츠(University Heights)[4]의

---

2 정확한 영어 서명은 *An Introduction to the Korean Spoken Language*이다. 초판과 개정판의 영어 서명은 같은데, 언더우드가 1890년에 출판한 초판의 한국어 제목은 『한영문법(韓英文法)』이었지만 1914년에 아들과 함께 출판한 개정판의 한국어 제목은 『션영문법(鮮英文法)』이다. 대한제국 시대에서 조선총독부 시대로 바뀌었음을 반영한 것이다.

3 브라운 총장은 1911년에 뉴욕대학교에 부임하였고, 아들 호러스 H. 언더우드가 1912년 졸업할 때에 아버지 호러스 G. 언더우드도 졸업식에 참석하여 명예 법학 박사학위를 받았다. 이때 세 사람이 처음 만났던 것을 말한다.

두 단과대학에 재학 중입니다. 유니버시티 하이츠의 성장에 대하여 한 가지 흥미로운 점은 1907년 대학을 졸업한 리무즈(A. H. Limouze) 목사가 올 한 해 동안 오전 채플을 인도한다는 사실입니다. 그는 학생들 사이에서 큰 인기를 얻고 있으며 학생들의 특별한 요청에 따라 전임 교목으로 임명되었습니다.

따뜻하게 기억하며,

[판독 불가]

---

4 19세기 말 학교의 빠른 성장으로 맨해튼에 위치한 원 캠퍼스가 수용능력을 초과하자 맨해튼 북쪽의 브롱크스 버러(The Bronx Borough)에 새로운 캠퍼스를 세웠다. 1894년에 이주를 시작했으며, 학교의 사무처 및 인문학부와 공학부가 위치하였다. 이후 1960~1970년대 학교의 재정난으로 인하여 유니버시티 하이츠 캠퍼스를 1973년 뉴욕시립대학교(City University of New York)에 매각하였으며, 맨해튼 남부의 워싱턴 스퀘어로 다시 집중하였다.

1915년 5월 7일

H. G. 언더우드
서울, 한국

엘머 브라운[5] 총장
뉴욕

친애하는 총장님,

얼마 전 총장님의 편지를 받고 정말 기뻤습니다. 마침 편지를 받은 날, 총장님께 편지를 써서 도움과 지원을 요청하고자 한다는 이야기를 했었습니다. 총장님의 편지와 응원의 메시지는 큰 도움이 되었습니다.

저와 제 아들은 문법 교과서를 위하여 열심히 일하였으며, 개정판 작업에 있어 아들의 도움을 받을 수 있다는 점이 매우 자랑스럽습니다. 아들은 한국어를 매우 빨리 배웠습니다. 물론 한국으로 오기 전에도 약간의 지식은 있었지만, 아이가 주워듣고 배운 정도였습니다. 외국인들과 더 많은 시간을 보내다 보니 한국어를 사용하는 환경에 많이 놓이지 않았는데도, 한국어를 빠르게 배웠다는 점이 저희를 매우 기쁘게 하였습니다. 그뿐 아니라, 첫해 말에는 3년 과정의 시험을 모두 합격하였습니다. 그는 크게 도움이 되었고, 학교와 또 다른 직업교육 부서에서 열심히 일해 왔으며 지금은 대학 관련 업무에서 저를 돕고 있습니다.

4월 12일에 서울에서 정규 대학 업무를 시작했다는 기쁜 소식을

---

5 엘머 엘스워스 브라운(Elmer Ellsworth Brown, 1861~1933)은 1881년 일리노이 주립사범대학을 졸업하고, 미시간대학에서 교육학 석사를, 독일 할레 비텐버그대학에서 『교회에 대한 국가의 입장과 프로이센, 영국, 미국 학교에서 종교교육 수행』라는 저서를 출판하여 박사학위를 받았다. 1911년부터 1933년까지 뉴욕대학교 총장으로 봉직하였다.

전합니다. 4월 개강이 다소 낯설게 느껴지시겠지만, 일본의 학교력은 4월 1일에 시작하여 3월 31일에 끝납니다. 이 시기가 그들의 회계연도이자 제국 전역의 학교 및 대학 학기이기 때문에, 우리도 자연스럽게 우리의 학기를 그들과 일치하도록 하였습니다. 이런 상황에 맞추어 계획을 세웠고 4월 12일에 업무를 개시하였습니다. 이와 관련해 말씀 드리자면, 당시 그 자리에 대한 적임자가 없다는 결론을 내린 위원회는 제게 임시총장직을 제안하였으며, 저는 이를 수락하였습니다.

이와 관련하여 뉴욕대학교에서 가르치는 교육과정을 아주 명확하게 설명하는 최신 안내책자와 교과계획을 보내주실 수 있을지 문의드리고자 이 글을 씁니다. 물론 뉴욕대학교는 4년제이고 일본식 과정은 3년제이기 때문에 교과과정을 계획할 때 이를 감안해야 할 것입니다. 저희 교과과정을 신중하게 계획하여 무엇을 하고 있는지 알 수 있도록 하는 것이 무척 중요합니다. 단순히 학습을 몇 시간 동안 하여야 하는지가 중요한 것이 아니라, 정확히 어느 정도의 진도가 필요한지를 정할 필요가 있습니다. 이를 위하여 가장 최신의 뉴욕대학교 교과 설명서를 받을 수 있으면 좋을 것입니다.

또한 미국에서 어떤 대학교가 가장 철저하고 신중하게 교과과정을 계획하고 있는지 아실 터이니, 이에 대한 조언을 주시면 정말 기쁠 것입니다. 물론 저희는 일본 문학 과정이 있어야 하고, 영문학을 가르치는 별도 단과대를 두어야 하므로, 자연스럽게 철학과와 물리학과가 있어야 할 것이라서, 이과대학도 필요할 것입니다.

저희 교과과정 계획은 자연스럽게 도쿄제국대학의 계획과 최대한 일치시켜야 할 것입니다. 미국에서는 일정 기간의 초등 및 중등 교육을 마친 후 4년제 대학과정과 3년제 전문 과정을 밟지만, 저희가 미국에서 왔다고 하여 여기에서도 똑같이 할 이유는 없습니다. 도쿄에 있는 일본 학교인 고토 갓코(Goto Gakho)가 저희 대학교와 가장 유사한데, 3년 과정입니다. 처음 2년은 일반 과정에서 수학하고, 마지막 1년은 전문가 과정(Professional Course)를 이수하는 특별 과정입니다. 고등학교(High School)라고도 불리는 중등 교육과정 이후에 진행됩니다. 이 과정을 저희가 계획하는 과정과 정확히 일치시키기는 조금 어렵습니다. 중등학교인 메이지 가쿠인(Meiji Gakuin)[6]의 경우, 마지막 2년이 미국의 대학교 과정의 첫 2년에 해당한다고 주장합니다. 이러한 주장은 메이지 가쿠인의 대학과정이 대학교의 첫 2년과 추가 1년이 소요된다는 점에서 비롯되었으나, 면밀한 검토가 필요합니다. 메이지 가쿠인의 대학과정을 완료하면 전문가 과정을 이수하게 됩니다. 그러나 일본에서는 흔히 중등 교육과정에서 전문가 과정으로 직행하여 3년간의 교육과정을 이수합니다. 지금까지의 혼란은 이로부터 비롯된 것입니다.

정확히 어떤 방향으로 나아갈지는 잘 모르겠습니다. 다만, 제가 원하는 것은 3년 과정을 수료한 후 희망자들을 대상으로 추가 1년 과정을 제공하고, 따로 전문가 방향으로 나아가고자 하는 학생들에게는 전문가 업무에 1년간 종사하였다는 증서를 제시하는 경우 학위를 수여하는 것입니다.

저희 사역이 진일보되도록 어떠한 조언이나 제안을 주시면 매우

---

6   메이지 가쿠인은 여러 단계로 발전하였는데, 미국 북장로교회 해외선교부 소속 의료선교사인 제임스 커티스 헵번이 1863년에 요코하마에 설립한 영어학원 헤본주쿠(ヘボン塾)에 그 기원을 둔다. 1877년에 미국 장로교회, 미국 네덜란드 개혁교회, 스코틀랜드 장로교회 등이 연합하여 구성한 일본기독교통일교회가 도쿄일치신학교(東京一致神学校, Tokyo Union Theological Seminary)를 설립하였고, 1887년에 다른 학교들과 합병되면서 메이지 가쿠인(明治学院, Meiji Gakuin)이라는 기독교 학교가 설립되었다. 메이지 가쿠인은 1944년에 메이지가쿠인전문학교가 되고, 1949년에 메이지가쿠인대학이 되었다.

감사하겠으며, 특히 교과과정에 대한 안내책자는 매우 큰 도움이 될 것입니다.

우리 모두 총장님과 사모님께 안부를 전합니다.

깊은 진심을 담아,

H. G. 언더우드[7]

이 편지는 구술 축음기(口述蓄音機)에 의해서 작성된 것이다.[8]

---

7 이와 같은 내용 끝의 발신인 표기는 발신인의 서명이다. 이러한 서명이 있는 편지는 원본이라는 뜻으로, 서명이 없는 것은 원본이 아니라 복사본 혹은 필사본이다.

8 이 문장은 대문자로 되어 있어서, 편지 본문이 아니다. 구술 축음기(口述蓄音機)는 속기용(速記用)으로 주로 쓰는데, 나중에 그 내용을 옮겨 적을 수 있도록 구술을 녹음하고 재생하는 기계이다.

1915년 7월 2일

호러스 그랜트 언더우드 박사 귀하
서울, 한국

친애하는 언더우드 박사님,

5월 7일에 보내주신 편지에 대해 많은 관심을 가지고 있습니다. 그 편지와 비슷한 시기에 저는 베이루트에서 온 편지와 중국 난징에서 온 편지를 받았고, 캘커타에서 온 학계 방문자를 접대하고 있었습니다. 이 모든 것은 저희 대학교가 전 세계와 얼마나 친밀하고 흥미로운 관계를 맺고 있는지 보여줍니다. 박사님의 편지가 도착한 직후, 저는 아서 브라운 박사 및 다른 선교회 대표들과 상의하게 되었는데, 그들은 1915년 이후 한국의 일반 학교에서 종교 교육을 배제하는 법령에 대하여 브라운 박사가 한국에서 받은 편지[9]에 대해 깊이 우려하고 있었습니다. 저는 브라운 박사로부터 이 주제에 관하여 언더우드 박사님께 보내드릴 수 있는 최대한의 서신을 본 서신에 동봉하여 보내고자 합니다. 서울에 있는 대학의 개교와 총장으로서의 박사님의 업무, 그리고 아드님께서 잘하고 있다는 소식은 모두 저의 깊은 관심사입니다. 제가 알고 있는 한, 유의미한 3년 과정을 제공하는 유일한 미국 내 학교는 시카고대학교와 긴밀한 협력 관계하에 있는 매사추세츠주 우스터의 클라크대학교이며, 이 학교에 대한 자료가 박사님께 도움이 될 것이라고 생각하였습니다. 따라서, 이 대학교와 관련된 자료를 요청하는 서신을 우스터에 보냈고, 받은 답신을 별지로 박사님께 전달드립니다. 또한, 뉴욕대학교의 최근 자료 몇 가지를 보내드리니 관심

---

9   조선총독부 외사국장 고마쓰 미도리가 미국 북장로회 해외선교본부 총무인 브라운 박사에게 보낸 편지를 가리키는데, 이 책에 부록으로 편집하였다.

있는 내용이 있으시길 바랍니다. 이 소포에는 1914~1915년 저희 학교의 교과과정 안내책자가 들어 있습니다. 1915~1916년도의 저희 대학교의 본 캠퍼스[10] 및 워싱턴 스퀘어 캠퍼스[11]의 공고문이 나오는 대로 박사님께 보내질 수 있도록 지시했습니다. 이 자료가 박사님께 도움되기를 바랍니다. 이외에도 제가 제공할 수 있는 특별한 정보나 도움이 필요하시면 언제든지 저에게 연락해 주시기 바랍니다.

미국의 상황을 보면, 저는 대학의 첫 2년 과정과 나머지 과정 사이에 다소 큰 차이가 있다는 쪽으로 기울고 있습니다. 2학년을 마친 우리 학생들이 평생의 직업을 준비하는 과정에서 다소 확실하고 긍정적인 방식으로 관심을 갖기 시작하는 것을 보게 되어 기쁩니다. 저는 많은 학생들이 전문분야 없이 끝없이 호기심만 탐구하기만 하는 위험에 빠질 수도 있다고 생각합니다. 나이 21세가 되었음에도 매우 일반적인 공부만 하며 삶을 위한 직업을 향하지 않는 공부를 하는 것을 말합니다. 저는 많은 교육 지도자들이 저의 이러한 생각을 터무니없이 생각한다는 것을 잘 알고 있으나, 그것이 옳다는 확신이 점점 더 커지고 있습니다. 그러나 저는 한국 상황에 대한 지식이 너무 부족해서 저의 이견이 여러분의 상황과 어떤 관련이 있는지 여부를 말할 수 없습니다.

박사님과 아드님은 저희 뉴욕대학교에서 매우 따뜻한 존경을 받고 있으며, 한국에서의 성공은 고국의 당신의 집에 있는 친구들에게 자부심과 기쁨을 선사하였다는 점을 꼭 아셨으면 합니다.

따듯한 안부를 전하며,[12]

---

10 당시 맨하탄 북쪽의 브롱크스에 위치한다.
11 1970년대 후반 이후 본 캠퍼스로 격상되었다.
12 마지막 한 장은 인사를 포함하여 다섯 줄인데 전혀 읽을 수 없기에 인사말만 짐작하여 넣었다.

[서명 없음]¹³

---

13 서명한 원본은 서울에 있는 언더우드에게 보내졌고, 뉴욕대학교에는 서명이 없는
   부분이 남아 있다.

1915년 8월 26일

H. G. 언더우드

서울, 한국

한국 소래 해변

엘머 브라운 총장

뉴욕대학교

유니버시티 하이츠

뉴욕시

친애하는 브라운 박사님,

최근에 보내주신 친절한 편지에 답할 시간이 없어 한국의 종교와 교육 분리와 관련하여 제가 방금 브라운 박사[14]님께 쓴 편지를 동봉합니다.

진심으로,

H. G. 언더우드

HGU-ABC

---

14 미국 북장로교 해외선교본부 총무 브라운 박사를 가리킨다.

1915년 8월 26일

소래포구, 한국

A. J. 브라운 박사
해외선교위원회
5번가 156
뉴욕시

친애하는 브라운 박사님,

저는 이곳 소래포구에 있는 여름 휴양시설에 와 있습니다. 저는 이곳을 수리하여 이곳의 선교사들이 건강도 유지하고, 또한 많은 일을 할 수 있도록 돕기 위해 노력하고 있습니다. 저는 남장로교 선교부의 레이놀즈 박사와 함께 이곳에 와 있는데, 그는 여름 두 달 동안 성경 번역 개정 작업을 저와 함께 진행할 것입니다. 저희는 시원한 바람을 느낄 수 있고, 가장 상쾌하고 맑은 공기가 있는 절벽 위에 작지만 멋진 처소를 지을 수 있었습니다.

현재 이곳에는 여성과 어린이를 합쳐 100명도 넘는 많은 사람들이 모여 여름을 즐기고 있는데, 모두들 아주 즐거워하고 있습니다. 그늘 아래에는 온도계가 화씨 63도, 68도, 70도[15]를 보이고 있으니, 이곳 기후가 얼마나 시원한지 아시겠지요. 극동에 위치한 이곳에 나와 있는 사람들에게 이런 장소가 얼마나 감사한 곳인지요.

6월 7일에 보내주신 편지를 방금 받아 보았으며, 서둘러 이곳 실제 상황과 관련하여 한 말씀드리고자 합니다. 먼저 현행 법에 대해 말씀드리겠습니다. 몇 년 전 일본 제국은 교육과 종교를 분리해야 한다는

---

15 섭씨 17도, 20도, 21도에 해당한다.

결정을 내렸고, 이것이 이곳 정부의 정책이었습니다. 그러나 일본 본토에서는 학교라고 불리기를 원하지 않는 학교들이 동일한 커리큘럼으로 교육을 계속하면서 학원 또는 가쿠인으로 불릴 수 있도록 허용했습니다. 갓코나 학교라는 명칭은 허용되지 않았지만 가쿠인이라는 명칭은 사용할 수 있었기 때문에, 저희 또한 여타 학교와 같이 갓코로 불리지 않고 가쿠인이라는 명칭을 사용하게 되었습니다. 이러한 구조로 수년 동안 일이 진행되어 왔으며, 박사님께서도 그 결과가 무엇인지 정확히 알고 계십니다. 수년이 지난 지금, 메이지 가쿠인은 메이지 갓코라는 명칭을 사용할 수 있게 된 것으로 알고 있습니다.

한국에서는 이러한 중간 성격의 학교에 대한 규정을 두지 않았습니다. 성경학원, 성경학교, 신학교 등 목회자 양성을 위한 학교는 많이 있지만, 초등교육부터 일반 교육에 관해서는 종교 교육과 일반 교육을 분리해야 한다고 정하였습니다. 일단, 이 규정은 법제화되어 있습니다. 교육 당국이 성경 교육을 금지하는 것은 아니지만, 성경 교육은 학교 시간 외에 자발적으로 이루어져야 하고, 성경 수업 참석이 강요되어서는 안 됩니다. 또한, 매일 예배를 드리는 것이 금지되는 것은 아니며, 예배가 커리큘럼의 일부로 정해져 있지 않아야 합니다. 이와 관련하여 수업을 오전 8시부터 오전 9시까지 운영하고, 오전 9시부터 오전 9시 30분 또는 오전 9시 45분까지 공강을 넣은 후 다시 오전 9시 45분부터 오후까지 수업을 진행할 경우, 공강이 있는 오전 9시부터 오전 9시 45분 사이 채플을 진행하면 잡음이 없을 것입니다. 교과과정에 학교의 종교 활동이 포함되어서는 안 됩니다. 저는 이런 법을 옹호하는 것이 아니라 있는 그대로의 사실을 말하는 것입니다. 학생들이 원하는 만큼 성경 수업에 모이는 것은 허용되지만, 교과과정의 일부로 종교를 가르치는 것은 허용되지 않습니다. 이러한 새 법률의 해당 조항은 즉시 시행될 예정입니다. 모든 신설 학교는 새 법률의 적용을 받게 되며, 기존 학교는 새 법률에 적응할 수 있는 10년의 기간을 부여받게 됩니다.

서울에 있는 대학과 관련해서는 아직 새로운 학교를 설립하지 않았다는 점을 말씀 드리고 싶었으며, 정확히 어떻게 진행될지 잘 모르겠습니다. 현재 저희는 J. D. 웰즈학교[16]의 헌장에 따라 운영되고 있으며, J. D. 웰즈학교의 헌장은 종교적 특권을 그대로 유지할 수 있도록 하고, 새로운 학교의 새로운 헌장이 기존 헌장에 있던 특권들을 동일하게 부여받을 때 종교적 특권 또한 승계할 것으로 생각됩니다. 따라서, 저희는 새로운 법률에 따른 제도 변경을 하기 위하여 10년의 기간이 주어질 것입니다. 이와 관련하여 저는 이곳을 관리하는 여러 관료들과 통화하여 상황을 아주 자유롭고 충분히 논의하였습니다. 또한 이곳에 있는 많은 기독교인들에게 전화를 걸었고, 단 한 명의 예외도 없이 그들은 법이 너무 가혹하고 너무 엄격하며 온전히 지켜질 수 없다고 생각했습니다. 기독교인들은 계속 그렇게 말합니다. 마지막으로 저는 많은 사람들과 이 문제를 논의하였으며, 그들 또한 정부의 규칙과 규정은 물론 준수해야 한다는 입장이나, 성경 교육과 종교 교육을 위한 수업이 금지되지 않으며, 수업시간 이외 및 학교 교과과정 이외의 시간에 종교 예배를 갖는 것을 금지하지 않는다는 사실을 동시에 우리에게 지적합니다.

이런 상황에서 당국은 현재 상황이 계속 지속되도록 허용하겠다는

---

16 1886년 한성 정동 사택 옆에 기독교계 중등교육기관인 '언더우드학당'을 설립하였는데, 존 디 웰즈의 기부를 받아 교사를 지으면서 영어 명칭을 '존 디 웰즈학교(John D. Wells School)'로 표기하였으며, 정식 명칭은 경신학교이다. 1915년 경신학교에 대학부를 설치하여 연희전문학교 인가를 받는 바탕을 마련하였으며, 종교 교육도 그대로 계속할 수 있었다.

의사를 보이고 있습니다. 얼마 전에 학교 감사관이 저희 학교를 시찰하였습니다. 당시 한 수업에서 기독교적 관점에서 윤리를 가르치고 있었습니다. 저희는 현재 윤리 과목의 책임자 아래에서 성경에 기반한 다양한 기독교적인 윤리를 다루고 있고, 성경은 교과서처럼 매우 많이 사용됩니다. 현재 4개 학년으로 나뉜 학생들을 대상으로 저희는 윤리 A와 윤리 D 과목을 가르치고 있으며, 정식 대학생이 되기 부족한 1학년과 2학년 학생들에게 각 학년 첫 학기에 윤리 1과 윤리 4 과목을 가르치고 있습니다. 앞서 말씀드린 감사관이 윤리 A와 D, 윤리 1과 4가 무슨 뜻이며, 이것이 종교를 가르치는 것이냐고 물었습니다. 저는 그에게 이것이 기독교적 관점에서 본 윤리라고 설명했습니다. 그는 다시 "이것이 종교로서 가르치는 종교입니까?"라고 물었습니다. 그러자 미국에서 온 일본인 통역사가 단번에 돌아서서 영어로 "무슨 뜻인지 정확히 이해하지 못한 것 같습니다. 이 수업은 종교를 종교로 가르치지 않고 과학으로 가르치고 있으며, 이런 경우에는 정부는 이 수업을 방해하지 않겠다는 것입니다"라고 설명했습니다. 저는 이 일화가 현재 저희가 처한 입장을 설명한다고 생각합니다. 저는 이 문제에 대해 이름을 밝힐 수 없는 고위 관료 중 한 명과 이야기를 나눴습니다. 그는 한국은 물론 일본에서도—법을 만든 당사자를 제외하고—해당 법률이 너무 엄격하다는 것을 인정할 것이라고 말했습니다. 그는 이어서 이 법이 시행되어야 한다는 것은 총독의 계획이었으며, 현 총독이 있는 한 우리는 그 법이 시행될 것으로 예상해야 한다고 덧붙였습니다. 그러나 그는 10년이라는 시한이 있다는 것을 잊지 말아야 하며, 10년이 다 되기 전에 아마도 몇 년 안에 다른 누군가가 이 직책을 맡게 될 것이고, 다른 사람이 와서 그 직책을 맡으면 법을 바꾸고 완화시킬 것이라고 덧붙였습니다.

또한 감사관은 J. D. 웰즈학교가 대학교육을 위해 헌장을 받았으며, 해당 헌장은 기존 특권을 내재하고 있기 때문에, 저희가 이 헌장을 승계받을 경우 기존 헌장의 특권 또한 적용될 것을 장담하였습니다. 현재 법령과 관련한 사항은 이와 같습니다. 이제 저희가 취해야 할 태도를 고려해야 할 것 같습니다.

먼저, 애초에 저희가 법을 만들었다면 지금과 같지 않았을 것이라는 사실에 주목해야 할 것 같습니다. 우리는 입법관이 아니며, 주어진 상황을 최대한 활용하기 위해 법에 따라 여기 있는 것뿐입니다.

두 번째는 한국 전반을 위한 교육을 전부 비기독교인의 손에 맡길 수 없다는 점을 명심해야 한다고 생각합니다. 원한다면 그렇게 할 수 있지만, 그렇게 한다면 우리에게 주어진 임무에 충실하지 못한 것이라고 생각합니다. 저는 차라리 종교적 훈련이 전혀 없더라도 정직한 기독교인들—비기독교인 또는 반기독교인들이 아닌 예수의 삶을 따르는 자들—이 과학, 역사, 철학 및 기타 교육을 저희 학생들에게 가르치기를 원합니다.

최종적으로 분석해 보면, 학생들에게 미치는 영향은 교사가 교실에서 하는 말이 아닌, 교사가 이끄는 삶이 가집니다. 여기에 우리 교육체제의 진정한 결과가 있을 것입니다. 우리가 바라고 기도하는 만큼 조금이라도 훌륭한 교사가 될 수 있다면, 그것은 말보다 행동으로 그리스도의 삶을 모범적으로 보여줄 때만 가능할 것입니다.

우리가 성경을 가르친다고 해도 우리의 행동이 우리의 가르침과 일치하지 않는다면 우리의 가르침은 별 소용이 없을 것입니다. 학교에서 직접 가르치는 것이 허용되지 않는다는 사실을 개탄하지만, 동시에 정부가 막을 수 없는 점이 한 가지 있는데, 그것은 바로 기독교인 교사가 학생들 앞에서 기독교인다운 생활을 하는 것을 막을 수 없다는 것입니다. 그리고 저는 말이 아닌 삶으로 기독교인의 모범을 보여야 할 필요성을 이전보다 우리가 더 온전히 깨닫게 하기 위해 하나님께서 법의 이러한 변화를 허락하셨다는 사실에 놀라지 않을 수 없습니다.

이 법의 공포가 다소 늦어졌지만, 언젠간 이루어질 것을 이미 알고 있었습니다. 일본의 기독교 교육 지도자들은 우리가 더 자유롭게 우리의 임무를 계속할 수 있도록 법의 개정이 가능한 한 빨리 이루어지도록 단합하여 노력하고 있습니다. 일본의 모든 곳에서 기독교에 대해 더 열린 자세를 취하는 경향이 있으며, 한국의 상황이 아직은 우리가 이러한 경향을 충분히 활용하지 못하게 방해하고 있지만, 우리는 때가 되면 완전한 혜택을 받게 될 것이라고 확신합니다. 총독이 우리에게 기독교 대학을 선호한다고 말하고, 일부의 반대에도 불구하고 기독교 대학을 위한 부지를 우리에게 제공하겠다고 한 것 자체가 이곳 총독부의 태도가 모두 우리를 반대하는 것이 아니라는 점을 가장 분명하게 증명하고 있습니다. 분명한 것은 한국 교회의 상황을 비추어 볼 때, 확실한 분리를 통해 적어도 하나의 강력한 연합 기독교 대학이 우리 체계의 정점에 있어야 하며, 때가 되면 일본 제국 전체에 걸쳐 시행될 수밖에 없는 자유로운 처우를 우리도 받게 될 것입니다.

저는 와타나베[17] 판사에게 이런 상황에서 우리가 어떻게 하는 것이

---

17 와타나베 도오루(渡邊暢, 1858~1939)는 1897년 후지미죠(富士見町)교회의 우에무라 마사히사(植村正久) 목사에게 세례를 받고, 1898년 요코하마지방재판소장이 되어 요코하마 시로교회(指路)에 출석하였다. 1905년 헵번 선교사가 설립한 메이지 가쿠인(明治学院)의 이사로 이부카 가지노스케(井深梶之助) 총리(교장)를 도와서 정관을 만들어 재단법인 인가를 받는 데 기여하였다. 1908년 8월 한국재판소 대심원(大審院) 원장에 취임하고, 1909년 11월부터 1923년 4월까지 통감부 재판소와 조선총독부 재판소의 고등법원장으로 근무하였다. 내한하자마자 일본인들로 구성된 경성YMCA를 조직하여 회장으로 취임하였고, 1916년, 언더우드와 에비슨의 요청을 받아 연희전문학교와 세브란스의학전문학교의 설립 이사로서 정관 작성에 주도적인 역할을 하였다.

더 좋을지 물었습니다. 저는 신규 학교 설립을 자제하는 것이 좋을지 물었습니다. 그는 단번에 "절대로 안 된다"고 대답했습니다. 몇 년 안에 법이 바뀔 테니 그 사이에 우리가 이룰 수 있는 최선을 생각할 필요가 있습니다.

서울에 도착한 후 본 사안에 대해 더 자세히 말씀드리겠습니다.

진심을 담아,

H. G. 언더우드

HGU-ABC.

1915년 9월 29일

H. G. 언더우드
서울, 한국

엘머 브라운 총장 귀하
뉴욕대학교
뉴욕시 유니버시티 하이츠

친애하는 브라운 박사님,
노스 박사님께 보낸 서신의 내용에 관심을 가지실 듯하여 사본을
첨부드립니다.
이만 총총,
　　진심을 담아,

H. G. 언더우드

HGU-VDC.

1915년 9월 29일

H. G. 언더우드

서울, 한국

노스 목사님 귀하

한국 사역의 공동위원회 의장

감리교 해외선교위원회

5번가 150

뉴욕시

친애하는 노스 박사님,

스피어 박사님께서 방금 이곳을 다녀가셨으며, 우리는 대학과 관련하여 이곳의 상황과 업무에 대해 매우 철저하게 조사하였습니다. 따라서, 그 결과에 관한 보고를 보내드립니다. 스피어 박사님께서 곧 귀국하시면 이곳에서의 있었던 일에 대한 생각을 충분히 보고할 것이지만, 우리가 한국의 정부 관리들과 수시로 가진 회의는 오히려 오해를 없애고 처음보다 상황을 더 철저히 이해하도록 도왔으며, 따라서 가능한 한 완전한 정보를 노스 박사님께 전달하고자 스피어 박사님께서 도착하실 때까지 기다리지 않고 편지를 보냅니다.

우선, 최근에 두 개의 규정이 제정되었습니다. 마지막 규정은 극동지역의 종교 전파에 관한 것이었는데, 처음에 읽었을 때는 우리에게 매우 심각한 영향을 미칠 것 같아서 상당한 두려움을 가졌습니다. 그러나 자세히 살펴보았더니, 와타나베 판사가 이번에 발표된 규정은 지난 8, 9년 동안 재조선 일본인들을 위해 시행되어 왔던 규칙과 동일하며, 해당 규정은 일본 내에서의 규정과 4항과 6항에서만 다르다고 말하자 우리의 두려움은 어느 정도 해소되었습니다. 이러한 차이의 이유를 문의한 결과, 한국 정부는 각 교회 또는 단체와 정부 사이에 '중간자'로서 공식 대표를 두어야 한다고 정하고 있는데, 일본에서는 이러한 규정이 제대로 만들어지지 않았기 때문에 이러한 대표에 대한 사항을 다루는 제4조와 제6조를 일본에 있는 규칙에 추가해야 할 필요가 있다는 것을 알게 되었습니다. 우리는 이 문제에 관해 우사미[18] 씨와 매우 우호적인 대화를 나눴으며, 곧 이 규정이 기독교의 발전을 방해하려는 의도가 아니라 일본식 규정과 관습에 따라 일을 처리하려는 일본인들의 노력에서 자연스럽게 나온 규정이라는 것을 알게 되었습니다.

교육에 관한 규정은 우리에게 훨씬 더 엄격하고 우리가 더욱 걱정해야 할 것으로 보입니다. 하지만 고마쓰[19] 씨에게 보낸 브라운[20] 박사의 편지가 부정적인 인상을 심어준 것 같습니다.[21] 고마쓰 씨는 저와 이 문제에 대해 이야기하면서 브라운 박사가 자신의 입장을 완전히 오해한 것 같아 매우 유감이라고 말했습니다. 그는 편지를 쓸 때 외국에서 유사한 법을 제정했기 때문에 한국 정부가 법을 제정했다고 말할 의도는 전혀 없었고, 이 문제를 이야기할 때 외국의 사례를 들어 한국이 다른 나라들과 크게 다르지 않다는 것을 보여주려고 했을 뿐이었다고 말했습니다. 그들이 지향하는 바는 학교가 사립이든 공립이든 간에 한국에는 하나의 통일된 교육제도가 있어야 하며, 어느 특정 학교의

---

18 기독교인인 우사미 가츠오(佐美勝夫)가 조선총독부 내무국장이자 종교국장으로 연희전문학교 설립 인가에 관여하였다.

19 고마쓰 미도리(小松綠, 1865~1942)가 조선통감부 외사국장을 거쳐 조선총독부에서도 총무부 외사국장으로 재직하면서 연희전문학교 인가 업무에 관해 국내외 선교사들과 협상하였다.

20 언더우드 선교사가 미국 북장로회 해외선교본부 총무에게 보낸 편지를 보면 수신인이 1903년 9월 4일부터 엘린우드(Ellinwood) 박사에서 브라운(Brown) 박사로 바뀌었다.

21 브라운 총무가 고마쓰 국장에게 보낸 편지와 고마쓰 국장이 브라운 총무에게 보낸 편지의 원문과 번역문을 이 책에 부록으로 편집하였다.

실제 교육과정에 관한 한 다른 학교의 교육과정과 조화를 이루어야 한다는 단순하고도 유일한 요건입니다. 즉, 공립이든 사립이든 모든 학교의 교육과정은 동일해야 하고, 이것이 학교에 절대적으로 필요한 요건이기 때문에 종교를 교육과정의 일부로 포함시키는 것은 허용될 수 없다는 것이었습니다. 법률을 그대로 읽으면 어떤 종교도 "교과과정에서" 가르쳐서는 안 된다는 것입니다. 이것은 실제로 매우 명백하며, 종교를 교과과정 외에서는 가르칠 수 있다는 것을 의미하는 사실을 강조하였습니다. 이러한 설명은 우리에게 아주 유리하도록 문제를 해결하였으며, 우리의 과업을 실행할 수 있는 길이 있다는 것을 알 수 있었습니다.

얼마 전 [일본 관료들과] 이러한 종교 교육을 같은 부지 또는 같은 건물에서 할 수 있는지에 대해 이야기하던 중, 그들은 다른 건물이나 다른 부지에서 하는 것이 더 좋을 수도 있다는 의견을 제시하였으며, 종교 교육을 언제 어디서 하는지는 중요하지 않지만 **어떤 방식**으로 하는지가 더 중요하다고 말했습니다. "선택 사항"일 경우, 학생이 선택할 수 있는 추가 학업 내용이겠지만, 정규 교과과정에 포함될 수 없다고 하였습니다. 이외에도 학교와 연계된 채플을 진행할 수 있지만 의무로 해서는 안 됩니다. 그들은 이 점에 대해 매우 분명하고 매우 단호했으며, 저는 현재로서는 법이 실제로 변경될 수 없다고 생각합니다. 제가 이 문제에 대해 많은 관계자들과 이야기를 나눴는데, 그들은 법을 관대하게 해석하려는 의지는 대체로 있는 것 같으나, "중학교" 및 "보통학교" 등 일반학교라고 불리는 학교와 "중학교급 학교" 및 "보통학교급 학교"라고 불리는 다른 체계의 학교가 병존하는 일본과 같은 체제를 한국에서 반복하고 싶지 않다고 주장하고 있습니다. 그들은 일반 학교와 그 옆에 "보통학교급 학교"라고만 할 수 있는 학교가 있는 것은 이례적인 일이며 이러한 이례적인 일이 한국에서 반복되어서는 안 된다고 말합니다. 그들은 통일성이 있어야 한다고 강력하게 주장하는 것입니다. 종교의 가르침 자체를 반대하지 않는다고 확약하면서, 만일 이를 반대했다면 현재 기독교 단체들이 운영하는 기독교 학교들 자체를 허용하지 않았을 것이라 설명했습니다. 교회가 학교를 조직하고 운영하도록 허용하고 있는 것 자체가 그들이 종교의 가르침에 반대하지 않는다는 것을 보여주는 것입니다. 또한, 정부는 저희 대학교의 헌장을 유효하게 수리(受理)하였으며, 해당 문서는 대학교를 기독교 대학교로 정의하고, 모든 임원은 기독교인이어야 하고, 관리자회의 모든 인원 또한 기독교인이며, 모든 교사는 복음주의 교회의 구성원이어야 한다고 명시하고 있습니다. 이런 상황에서 우리가 신중하게 일을 추진한다면 완전한 기독교 학교가 되는 데 어려움이 없을 것이라고 확신할 수 있습니다.

저희 한국 선교단이 공동위원회 및 그 이사회와 이 대학의 문제와 관련해 아직 합의를 이루지 못하고 있으며, 공동위원회 및 그 이사회가 해외선교위원회에게 일반 선교사업 외 예산으로 저희 대학교에 대해 지원해 줄 것을 요청했다는 사실을 익히 들어 아실 줄로 생각합니다.

귀 선교위원회의 해리스 주교와 F. 헤론 스미스 씨의 친절한 도움 덕분에 저희는 이곳의 일본 당국에 대한 이해를 충분하고 진솔하게 가질 수 있었으며, 현재까지 아주 우호적인 관계를 유지하고 있습니다. 이들은 이러한 새로운 법률의 제정을 대학의 업무를 중단시키는 수단으로 사용하고자 하지 않습니다. 현재 저희는 대학교 교육을 제공할 수 있는 허가를 받은 J. D. 웰즈학교 헌장에 따라 업무를 진행하고 있습니다. 이는 당시 헌장 및 인허가에 대한 사항을 요구하는 시간 내에 충족시키기 어려웠기 때문이며, 지금까지 이곳 정부의 동의를 얻어 J. D. 웰즈학교 헌장에 따라 저희 대학교의 인허가 협의를 진행하고 있었습니다. J. D. 웰즈학교는 오래된 학교이며 이로 인해 새로운 법규를 따르지 않아도 되어, 저희는 마치 저희가 오래된 학교인 것처럼 정기적으로 채플과 성격 수업을 할 수 있었습니다. 와타나베 판사와 이와 관련된 논의를 한 결과, 저희가 이미 가지고 있는 허가서에 명시된 특권은 조선 기독교 대학교를 위한 새로운 헌장으로 변경 시 유지할 수 있을 것이라고 말하였습니다. 따라서 저는 지금까지 저희와 저희의 과업에 대하여 많은 대화를 나눈 우사미 씨와 세키야 씨가 저희 학교를 새로운 법규를 따르는 학교로 생각한다는 사실을 알고 놀랐습니다. 저희 학교는 완전히 기독교 학교입니다. 서울의 기독교 복음화를 위하여 적극적으로 일하고 있습니다. 저희 학교는 현재 성경교육을 진행하고 있으며, 채플 또한 같은 부지의 같은 건물에서 이루어지고 있습니다. 만일 이러한 학교가 법규를 따르는 학교로 받아들여질 경우, 새로운 규정에 대한 저희의 우려는 근거가 없을 것입니다. 지금까지 학생으로 입학하려는 지원자는 거의 모두 기독교인이었으나, 몇몇 비기독교인이 학생으로 입학하기를 원한다는 것을 감지하였습니다. 입학하는 비기독교인의 수를 통제하여 저희 대학교의 전체적인 정체성이 지배적으로 기독교적이고, 이로 인해서 학생으로 입학하는 모든 사람이 저희 대학교의 정신에 감동하여 기독교인이 될 수밖에 없도록 하는 것이 저희의 기대입니다. 이것이 양심의 자유를 침해할 수 있다는 생각은 전혀 하지 않으며, 제가 의도하는 것을 박사님께서는 이해하실 것이라고 생각합니다.

이사회 등록과 관련하여 전반적인 진전이 이루어지고 있습니다. 와타나베 판사는 저희 정관 작성에 상당한 관심을 가졌고, 승인을 위해 해당 부서에 정관을 제출했습니다. 최근 세키야 씨는 몇 군데 미흡한 부분이 있지만 그 부분을 알려주면 수정할 수 있으며 전반적으로 매우 훌륭하다고 말했습니다. 그 당시 세키야 씨는 도쿄 메이지 가쿠인의 헌장을 거의 그대로 복사한 것이기 때문에 괜찮다고 언급했습니다. 와타나베 판사가 메이지 가쿠인의 설립자 중 한 명이었다는 사실이 흥미로웠는데, 이 점이 두 학교의 유사성을 자연스럽게 설명해 줍니다. 와타나베 판사를 저희 이사회 멤버로 확보할 수 있었던 것은 저희에게 매우 좋은 일이었는데, 이는 그가 제공할 수 있는 업무능력 외에도 저희가 하고자 하는 일에 대해 한국 정부에 신뢰를 심어줄 수 있었기 때문입니다.

부지 매입 문제는 부지 확보에 방해가 되려는 사람들이 많기 때문에 더디게 진행되고 있습니다. 그러나 이러한 난관은 점차 극복되고 있으며, 총독이 우리 단체에 보인 진심과 우리가 원하는 모든 부지를 확보할 수 있다는 약속에 비추어 좋은 결말이 있을 것임을 개인적으로 전혀 의심하지 않습니다. 총독은 우리가 땅을 가져야 한다고 말했고, 다른 사람들이 협상을 방해하거나 방해하려고 할 때 각하께서 방해꾼들에 맞서 우리를 도와주었기 때문에 한 걸음씩 진전할 수 있었습니다. 저희는 내부 승인을 거친 뒤 해당 부지를 가져야 한다고 먼저 제안했으며, 부분이 아니라 전체를 확보하는 데 동의하였고, 저희의 요청에 따라 주변 국유지를 필요한 만큼 구매할 수 있도록 허락하였으며, 이를 위한 협상이 시간이 걸리겠으나 최종적으로 저희가 원하는 결과가 나올 것이라고 확신합니다.

저희 학생 수는 의도했던 바와 같이 60명이 조금 넘었습니다. 이번 학기에는 교수진이 다소 부족하지만 학생들은 훌륭하게 학업을 진행하고 있습니다. 비좁은 숙소 때문에 원하는 것보다 적은 인원을 유지해야 했지만 현재로서는 학교에 해가 되지 않을 것입니다. 입학할 기회를 기다리는 학생들이 많이 있습니다. 교수진과 관련해서는 감리교 감독회가 저희 교수진에 큰 힘을 더해줄 루퍼스 박사를 파견한다는 소식을 듣게 되어 기쁩니다. 이번 학기 동안 (북)장로교 이사회의 E. H. 밀러 목사의 부재로 인해 다소 인력이 부족하였으며, 아들이 귀국을 1년 연기하는 데 동의하지 않았다면 곤란한 상황에 처했을 것입니다. (남부)감리교단에서는 이번 회기에 아직 아무도 파송하지 못했습니다. 송도에 있는 와손 씨를 이 일에 임명해 주기를 요청한 상황입니다. 저는 내일 감리교단의 총회에서 이 문제에 관해 이야기할 것이며, 이 편지가 도착하기 전에 결정이 내려지면 면담 결과에 관한 추가 편지를 보내드리겠습니다.

(남)장로교 선교부의 태도가 어떠할지는 잘 모르겠습니다. 이곳 (북)장로교 선교부의 행동은 그들이 선교부로서 평양신학교에 들어가는 것에 동의한다면 한국에 있는 (남)장로교 선교부가 저희 학교에 힘을 쏟을 것이고, 그렇게 된다면 평양의 사역도 계속하기에는 그 힘이 너무 작을 것이라고 생각했기 때문입니다. (남)장로교 선교부의 제안은 전반적으로 평양의 학교는 유지되어야 하며, 서울에 학교가 없어야만 유지될 수 있다는 것이었습니다. 따라서 서울에는 학교가 없어야 합니다. 아시다시피 호주 선교부는 평양의 학교와 함께 들어가기를 기대한다고 합니다. 캐나다 선교부의 대다수는 서울에 있는 이 기관에 동의하지만, 지금까지 협력하는 선교부는 감리교 선교부와 (북)장로교 선교부 두 곳뿐입니다. 만약 다른 선교부들이 단결하고 가능한 한 빨리 그들의 인적 도움을 확보할 수 있다면 저희의 학교를 운영하는 데 큰 도움이 될 것입니다. 저희는 미국 및 일본의 대학교의 한국인 졸업생들의 도움을 받고 있으며, 이들은 한국인들에게 매우 적합한 교사입니다. 이외에도 세브란스 의과대학의 랄프 밀스 박사가

생물학과를 총괄 감독하고 있으며, 일본 제국대학을 졸업한 후 역사를 전공하고 기독교 학교에서 수년 동안 가르치고 있는 일본 도쿄의 다카이 교수를 초빙하는 행운을 얻었습니다. 일본 현지에서 기독교 사역을 활발히 해오셨고 선교사 정신을 가지고 한국에 오셨던 분을 모시게 되어 정말 행운입니다. 그는 이미 학생들의 존경을 받고 있으며, 이곳 당국이 그를 지적으로나 사회적으로 바라보는 시선을 고려하면 저희 과업에 적지 않은 도움이 될 것입니다. 현재 저희 학교의 규모가 작다 보니 다카이 교수는 미래에도 다카이 교수가 맡게 될 역사학과와 빠른 시일 내에 전문가를 확보하고자 하는 일본어 및 문학학과를 담당하고 있습니다. 또한 센다이제국대학을 졸업한 젊은 농업학 강사를 일본 현지로부터 초빙하였으며, 그는 저희 학교의 농업학 관련 업무를 계획하고 실행할 것입니다. 토지의 지형도를 작성하는 작업은 느리게 진행되고 있지만 대학의 측량 부서에서 맡고 있으며 곧 박사님과 다른 분들께 지적도의 사본을 보낼 수 있도록 준비되기를 희망합니다. 건물 개발 문제는 조금 천천히 진행하는 것이 현명하다고 생각합니다. 산업학과의 개시에 걸맞는 건물을 세워야 할 것이며, 이와 관련된 목공과 벽돌 제작 및 농업 작업 등은 산업학과가 맡을 수 있을 것으로 생각됩니다. 이 땅의 학교가 산업적 측면을 두드러지게 하는 것은 절대적으로 중요하며, 이를 위해 우리는 총독부와 협력하고 있습니다. 저희는 벽돌을 제작하기 위하여 필요한 지점토에 적합한 흙과 건축에 사용될 돌을 채취할 수 있는 화강암 노두를 가진 부지를 확보하는 행운을 얻었습니다. 따라서 저희는 학생들이 벽돌을 만들고, 나무를 자르고, 문틀을 만들고, 돌을 자르고 다듬는 등의 훈련을 받아야 한다고 생각하며, 따라서 저희 학교의 주요 건물은 실습 훈련을 받은 학생들의 노력의 산물이 적지 않을 것을 계획하고 있습니다. 이 제안은 이곳 부서의 전폭적인 동의를 얻었고, 지점토가 발견된 현장 근처에 산업학 건물을 세울 수 있다면 임시로 수업을 진행하고 학생들을 수용하면서 동시에 본관과 강의실을 준비할 수 있을 것입니다. 그러나 이 또한 최소한 본 부지에 대한 일반적인 계획이 완료될 때까지는 이루어지지 못할 것입니다.

물론 농업은 한국에서 항상 중요한 위치를 차지할 것이고, 정부는 이 땅의 교육에서 중요한 위치를 차지하기를 매우 원하며, 따라서 이와 관련된 작업을 추진할 수 있는 충분한 토지를 확보해야 합니다.

지금까지 설명드린 계획이 박사님의 뜻에 어긋나지 않음을 확신합니다.

깊은 진심을 담아,

HGU-WT.

1915년 12월 29일

호러스 그랜트 언더우드 목사님

서울, 한국

친애하는 언더우드 박사님,

저는 박사님께서 보내주신 편지들을 깊은 관심을 가지고 읽었습니다. 미처 답신을 드리지 못한 점에 대해 죄송하게 생각하고 있습니다. 방금—아니, 성탄절 하루이틀 전—유니버시티 하이츠의 브라운 가족은 서울의 언더우드 가족에게서 다정한 크리스마스 축하 서신을 받았습니다. 저는 방금 워싱턴 D.C.를 향해 출발하였으며, 문의하신 교육 관련 정부 출간물을 알아보고 무료로 보내드리고자 합니다. 상당한 양의 자료를 모을 수 있을 것으로 생각합니다. 미국 교육국은 최근 상당히 유용한 자료를 발표하고 있는데, 이 중 몇몇은 한국에서 박사님께서 하시는 아주 중요하고 어려운 일에 도움이 될 것으로 확신합니다.

제 아내 또한 따뜻한 연말 인사와 복이 깃든 새해 인사를 전합니다. 제가 답장을 보내는 데 퍽 소홀했지만, 앞으로 계속 연락을 드릴 수 있으리라 믿습니다. 사실 저희는 박사님이 한국에서 하고 계신 일에 대한 깊은 관심을 가지고 있습니다. 첫째는, 뉴욕대학교의 아들들이 하는 일이기 때문에 어떤 의미에서는 저희 학교가 하는 일과 마찬가지 이고, 둘째는 저희는 박사님께서 하고 계신 일에 대해 깊은 감명을 받았기 때문입니다.

진심을 다하여,

브라운 박사님 말씀을 받아

부재중 서명

1916년 4월 3일

H. G. 언더우드

서울, 한국

엘머 브라운 박사

뉴욕대학교 총장

미국 뉴욕주 뉴욕시 워싱턴 스퀘어

친애하는 브라운 박사님,

지난 12월 29일에 보내주신 친절한 서신과 교육국을 통해 보내주신 책과 팸플릿에 감사드립니다. 깊은 관심을 가지고 잘 살펴보았습니다. 이 모든 것들은 여기의 학교를 세우는 우리에게 큰 도움이 될 것이며, 다른 곳에서 어떤 일이 이루어지고 있는지 더 많이 알수록 더 좋은 학교를 만들 수 있을 것입니다.

제가 이 편지를 쓰는 이유는, 건강이 좋지 않아 의사가 저에게 환경을 바꿀 것을 명했고, 따라서 4월 14일 요코하마에서 출발하는 증기선을 타고 미국으로 떠날 것이라는 사실을 알려드리기 위함입니다. 배틀 크릭 요양원으로 바로 가서 가능한 치료 방안을 강구하고자 합니다. 특히 제 갑작스런 귀국 때문에 긴급해진 한국 내 업무 상황으로 인해 제 아들이 대학원 진학을 위해 미국으로 떠나는 시기를 다시 연기하게 되었음을 알려드리고자 이 글을 씁니다. 저와 아들 모두 아들이 작년부터 뉴욕대에서 박사학위를 위한 학업을 진행할 수 있기를 많이 바랐습니다. 그러나 아들은 한국에서의 일 때문에 이를 포기했고, 저는 아들이 이 업무를 위하여 자신의 욕망을 기꺼이 포기한 것에 대해 매우 기뻤습니다. 이제 제 건강 때문에 한동안 한국에 머물러야 한다는 사실을 알게 되자, 자발적으로 제가 미국에 있는 동안 상황을 바로잡고 이 현상을 유지할 수 있는 방법을 찾아보겠다고 제안했습니다. 그만큼 자기 삶을 찾고 직업적 사명을 찾는 것이 늦춰지겠지만, 이것이 가장 현명한 일인 것으로 생각되어 저희 과업을 위하여 아들이 원하는 대로 하라고 말했습니다. 박사님과 저 모두 올가을에 아들이 미국으로 돌아가 박사님과 학업에 열중할 것을 기대했던 만큼, 다시한번 일정이 늦춰지는 이유를 설명해야겠다고 생각했습니다.

대학과 관련된 일은 매우 잘 진행되고 있으며, 교육과 종교의 분리 및 유사한 사안들과 관련하여 정부와 갈등이 빚어질 것으로 보였던 문제들 또한 실질적으로는 사라진 것으로 보입니다. 문제가 제기되었을 당시 법률을 과잉 해석하였던 것으로 생각되며, 정부와 확실한 이해관계를 정립할 때 그들은 우리가 예상했던 것보다 더욱 자유로이 법을 해석하도록 허락하였습니다. 저는 한국 정부로부터 가장 유리한 해석을 확보하는 데 어려움이 없을 것으로 예상하며, 저희는 서울 내 튼튼한 기독교 대학에서 오랜 시간 유익한 일을 할 수 있기를 기대하고 있습니다.

물론 뉴욕에서 만나 뵙기를 기대하겠지만, 현재로서는 언제가 될지 알 수 없습니다.

저희 모두 브라운 여사님께 따뜻한 안부를 전합니다.

진심으로,

H. G. 언더우드

2

호러스 G. 언더우드가
럿거스대학과 주고받은 편지들

1915년 10월 23일

H. G. 언더우드
서울, 한국

W. S. D. 데마레스트 박사님 귀하
럿거스대학
뉴저지 뉴브런즈윅
미국

친애하는 데마레스트 박사님,

9월 22일에 보내주신 편지와 제가 8월 26일에 보낸 편지를 파멜리 교수님께 전달주신 것에 대해 감사의 말씀을 드리고 싶습니다. 파멜리 교수님께서는 이미 제게 답신을 주셨으며, 저는 이에 대하여 별도로 감사의 편지를 드렸습니다. 럿거스대학에 대한 안내책자를 보내주시면 정말 감사하겠습니다. 저희는 현재 한국에서 저희의 교육제도를 기획하고 있으며, 이 머나먼 동쪽에서 대학사업을 어떻게 전개할 것인가를 계획하고 있습니다. 일본 정부는 그들이 고등 학교(higher schools)라고 부르는 시스템을 개발했으며, 이는 중학교보다 상위 과정입니다. 그들의 중학교는 우리의 고등학교("our high school")에 어느 정도 해당합니다. 그리고 대학과정으로서 고등 학교(higher schools)가 있고, 이를 마친 후 전문 학교에 입학하고 대학원 과정을 밟을 수 있었습니다.

위 고등 학교(higher school)는 3년 과정이며, 이후 대학원 과정을 밟게 됩니다. 동시에 고등학교(high school)에서 바로 전문학교에 입학할 수 있는 기회가 있으나, 이에는 한 가지 어려움이 있습니다. 물론 우리의 4년 체계와 그들의 3년 체계 사이의 차이는 분명하지만 저희는 이 지역에서 미국의 체계를 유행시키고자 하는 것이 아니라 가장 좋은 방법을 찾기 위하여 일하고 있으며, 우리의 체계가 그들의 체계에 조화를 이루어야 할 것입니다. 지금 조화를 위한 유일한 논점은 일본이 4년제 인문학과정(culture course) 또는 정규 대학과정의 도입을 제안하고 있는 것입니다. 같은 방식으로 우리는 또 하나의 어려움을 발견하고 있는데 그것은 한국인들이, 일본인들과는 달리, 산업 발전을 위하여 별다른 노력을 하지 않았다는 점입니다. 한국의 산업은 개발되어야 하며 이곳에 있는 우리 정부는 이것을 매우 고집하고 있기 때문에 우리는 산업을 교육제도와 동시에 발전시켜야 합니다. 저는 한국인들이 문화 및 고등 문학 과정을 바로 진행할 준비가 되어 있다고 생각하지만 산업을 가르치는 것이 절대적으로 필요하며, 부커 T. 워싱턴의 대학교[22]와 유사한 교육기관들을 양성하여야 한다는 생각을 가지고 있습니다.

저는 임시 조직과 관련하여 이곳의 대학 임시총장으로 선출되어 교과과정 및 업무를 계획하고 있습니다. 저 스스로도 부족함을 느끼지만 최선을 다하려고 노력하고 있으며, 이 일을 위해 제가 할 수 있는 지원을 확보하기 위해 여기저기 편지를 쓰고 있습니다. 물론 이것은

---

22 해방된 노예이자 초기 흑인 교육자인 부커 워싱턴(Booker T. Washington)이 설립하였고, 20세기 전후 흑인들의 직업교육을 선도하였던 터스키기대학교(Tuskegee Institute) 및 이와 유사한 흑인들을 위한 직업 교육기관을 칭하는 것으로 이해된다.

일시적일 뿐입니다. 이곳 극동에서 우리가 하는 일은 일시적인 것이며, 동양에서 이 일을 맡을 준비가 된 사람을 찾게 되면 곧 그 사람에게 이 일을 맡길 것입니다. 이곳에서 우리가 하는 일은 단순히 현재 우리가 맡고 있는 일을 수행할 사람들을 훈련시키는 것이며, 빠른 시일 내에 우리의 일은 저명한 일본인이나 저명하고 적임자인 한국인에게 넘겨질 것으로 기대합니다. 하지만 이 부분은 아직 그다지 많은 논의를 거치지 않았습니다.

기꺼이 도움 요청에 응해주신 점에 대해 감사드리며,

진심을 담아,

H. G. 언더우드 드림

HGU-WT.

1915년 11월 19일

호러스 G. 언더우드 목사님 귀하

서울, 한국

친애하는 언더우드 박사님,

보내주신 10월 23일 자 편지 및 파멜리 교수님의 연락을 받으셨다는 소식을 접해 매우 반갑습니다. 저희 학교 행정처에서 럿거스대학 안내 책자를 보내드릴 것이며, 기타 참고자료 또한 동봉할 것입니다. 한국의 교육체계 개발에 대한 내용에 관심을 가지고 있으며, 가능한 한 정보나 조언을 통해 협조할 수 있다면 매우 기쁠 것입니다. 현재로서는 귀하의 편지의 흐름으로 보아 제가 어떤 도움을 드릴 수 있을지 알 수 없으나, 구체적인 질문이 있으실 경우 언제든지 연락을 주시면 최선을 다해 답변해 드리겠습니다.

박사님의 기업에 모든 응원을 보내며,

깊은 존경을 담아,

[서명 없음][23]

---

23 서명이 빠져있으나, W. S. D. 데마레스트일 것으로 생각된다. 서명된 원본은 언더우드에게 발송하고, 럿거스대학에는 사본만 남겼다.

호러스 H. 언더우드가
뉴욕대학교와 주고받은 편지들

1919년 11월 19일

서울, 한국

친애하는 브라운 박사님,

1919년도 서울 선교지 보고서 5부를 별책으로 보내드립니다.

내용에 관심이 있으신 분들께 전달해 주시기 바랍니다.

박사님 및 이 보고서를 보시는 모든 분들에게 도움이 되기를 바랍니다.

진심으로,

호러스 H. 언더우드

1919년 12월 27일

호러스 G. 언더우드[24] 씨 귀하,

서울, 한국

친애하는 언더우드 씨,

1919년 서울 선교지 보고서 5부를 보내주신 것을 잘 받아보았으며, 특별히 관심을 가질 만한 곳에 배포하게 되어 기쁩니다. 보고서에는 좋은 내용이 많으며, 다른 사람들에게 사본을 보내기 전에 읽어볼 수 있는 기회를 갖게 되어 기쁩니다.

뉴욕대학교는 가장 흥미로운 한 해를 보내고 있습니다. 2월 등록을 마치면 올해 학생 수가 1만 명을 훨씬 넘어설 것으로 예상됩니다. 전 세계의 다른 모든 교육 기관과 마찬가지로 우리 대학도 어려운 재정 여건으로 인해 어려움을 겪고 있으며, 현재 6,000,000달러의 기금을 확보하기 위한 캠페인을 진행하고 있습니다. 큰 액수처럼 보이지만 당장의 필요성에 비하면 적은 금액입니다.

저희는 여러분이 서울의 최전선에서 하고 있는 일에 깊은 관심을 갖고 있습니다. 제 아내도 저와 함께 언더우드 씨와 언더우드 씨의 훌륭한 부인, 그리고 당신의 존경받는 어머니께 따뜻한 인사와 안부를 전하고 싶어할 것을 믿습니다. 보고서에서 언급된 웜볼드 양은 그녀가 버클리 대학에 재학 중일 때 저희와 알게 되었으며, 그녀 또한 우리를 기억할 수 있기를 바랍니다.

새해 복 많이 받으시길 기원합니다.

진심으로,

총장

---

24 호러스 G. 언더우드는 이미 1916년 12월에 세상을 떠났으므로 이 편지를 받을 수 없다. 원본에는 명확하게 호러스 G. 언더우드로 되어 있지만, 브라운 총장이나 비서실 직원이 잘못 쓴 것이 분명하므로 호러스 H. 언더우드로 번역한다.

1922년 10월 12일

서울, 한국

E. E. 브라운 박사님

뉴욕대학교

뉴욕시 유니버시티 하이츠

친애하는 브라운 박사님,

오랜만에 박사님께 글을 올립니다. 박사님과 대학교에 더 자주 연락 드리지 못하여 정말 부끄럽습니다. 그러나 모교에 대한 생각과 뉴욕대학교에서 4년 동안 받은 도움이 부족했던 것은 아닙니다.

그간 제 업무는 매우 급박하고 다양했으며, 질병과 가족 간병으로 인해 모든 서신 업무에 어려움을 겪었습니다. 내년 여름쯤 미국으로 돌아갈 예정인데, 계획은 다소 불투명하지만 한국에서 앞으로의 일을 준비하기 위해 한두 해 동안 연구에 매진하고 싶습니다. 저희 외에도 조선기독교대학 졸업생들이 몇 명이 저희와 거의 비슷한 시기에 미국으로 유학을 떠날 예정입니다.

저희가 미국에 있는 동안 할 일을 계획하는 데 도움이 될 수 있도록 대학의 최신 카탈로그 또는 그 복사본을 한 부 보내주시면 감사하겠습니다. 물론 이 젊은이들이 동부로 올 것인지, 또는 뉴욕대학교에 진학할 계획이 있는지는 확신할 수 없습니다. 제가 가지고 있는 마지막 카탈로그가 1914년에 만들어진 것이기 때문에 뉴욕대학교와 그 과정에 대한 질문을 자주 받는데, 제가 대답할 수 있는 입장이 못 됩니다.

이 청년들 중 한 두어 명이 뉴욕대학교로 진학하게 된다면 장학금을 받을 수 있는지 알고 싶습니다.

그들은 모두 기독교인 남성으로, 자국의 교육사업에 더욱 좋은 인재가 될 수 있기를 원하며, 저를 포함한 다른 조선기독교대학 교수진이 기꺼이 보증할 수 있는 인격을 가진 사람들입니다. 물론 그러한 질문에 대해 확실한 긍정을 할 수는 없다는 것을 이해하지만 그러한 장학금을 확보할 수 있는 가능성에 대해 일반적인 정보를 알고 싶습니다.

이 문제로 제가 너무 귀찮게 해드리는 것이 아니기를 바라며 사모님과 박사님께 안부를 전합니다.

진심으로,

호러스 H. 언더우드
뉴욕대학교 1912년 졸업생

1922년 11월 15일

뉴욕대학교 총장실
뉴욕시 워싱턴 스퀘어

친애하는 언더우드 군.

저는 언제라도 언더우드 군으로부터 소식을 듣는 것을 기뻐하며, 10월 12일 자 편지를 깊은 관심을 가지고 읽었습니다.

언더우드 군이 미국으로 데려오고자 하는 한국 젊은이들이 장래가 촉망되고 뉴욕대학교에 조건 없이 입학할 준비가 되어 있다고 가정할 때, 저는 그들 중 두 명에게 실험실비를 제외한 모든 수업료를 충당하는 금액의 장학금을 2년 동안 기꺼이 제공하겠습니다. 장학금에는 제가 별지로 기타 학교 관련 간행물과 함께 보내드리는 대학 카탈로그에 기재된 대학교의 특별 수업료와 정규 수업료가 포함될 것입니다.

언더우드 군의 삼촌인 존 T. 언더우드 씨와 한두 차례 대화를 나눴는데, 몇 달 전의 사고에서 잘 회복된 것을 보니 매우 기쁩니다.

미국으로 귀국할 때 반갑게 뵙겠으며, 고향에서 즐겁고 유익한 한 해가 되시길 바랍니다.

따뜻한 인사와 함께 모든 일이 잘 되길 바라며,

진심으로,

총장

호러스 H. 언더우드
조선기독교대학
한국, 서울

1922년 12월 30일

서울, 한국

엘머 E. 브라운 박사
뉴욕대학교
뉴욕시 유니버시티 하이츠
미국

친애하는 브라운 박사님,

제가 지난 편지를 통해 말씀드린 한국 젊은이들에 관한 박사님의 장학금 제안이 담긴 편지가 하루쯤 전에 도착했고, 저는 그 제안에 대해 박사님과 박사님께서 대표하시는 뉴욕대학교에 감사를 표하고자 서둘러 편지를 보냅니다. 또한 대학 카탈로그, "뉴욕대학교" 제목의 사진 앨범, 그리고 박사님의 멋진 연설문들 또한 받았습니다. 제불찰로 인해 한동안 대학과 연락이 두절되었던 저로서는 이 자료들을 큰 관심을 가지고 읽었습니다. 보내주셔서 대단히 감사합니다.

그러나 한 번의 호의에 만족하지 못하는 사람과 같이, 이번에는 제가 개인적으로 닥친 문제에 대해 논의하고자 글을 올립니다.

지난 편지에서 저는 올 여름에 미국으로 돌아갈 예정이며 최소 2년은 대학원에서 공부하는 것이 저의 희망이라고 썼던 것 같습니다. 컬럼비아대학교의 교육대학원에서 수학하라는 권유를 많이 받았지만, 이미 교육을 받은 모교에서 공부를 계속하는 것을 훨씬 더 선호합니다. 뉴욕대학교의 교육대학원에서 제공하는 과정에 대해 알아갈수록 제 신념은 더욱 확고해졌으며, 따라서 내년 가을(1923년 9월)에 뉴욕대학교 교육대학원에 입학하기로 마음먹었습니다. 장학금 신청은 입학하고자 하는 해의 6월 1일 이전에 이루어져야 한다는 것을 알고 있습니다. 다만, 저는 학교에서 제공하는 장학금 중 상당 부분이 특정 지역 또는 학교의 학생으로 제한되어 있다는 것을 알고 있는 바, 제 경우를 고려해 주실 것을 요청하기 위해 편지를 씁니다. 제 건을 적절한 당사자에게 전달하여 검토해 주시기를 부탁드립니다. 이 편지의 나머지 부분은 위더스 박사나 러프 박사에게 보내야 할 것 같지만, 그분들을 만나 뵐 기회가 없었고, 또한 박사님의 조언을 구하고 싶기 때문에 이 모든 것을 하나의 편지로 만들었으니, 이 내용을 적절한 분들에게 전달해 주시길 부탁드립니다.

이곳에서는 우리 모두 어느 정도 만능 재주꾼이 되어야 하고 다양한 과목을 가르쳐야 합니다. 하지만 저는 심리학과 윤리를 주로 가르치게 될 것이며, 교육학과를 담당하시는 피셔[25] 교수님의 휴직 기간에나 기타 긴급 상황 시에 교육학과 또한 맡게 될 것으로 생각됩니다. 저는 관련된 교육을 받은 적이 없으며, 2년 동안 미국으로 돌아가 공부하는 저의 주된 목적은 학위를 취득하는 것이 아니라 제 일을 계속할 수 있도록 나 자신을 준비하는 것입니다. 그러나 미국 대학의 박사학위가 동양에서 갖는 큰 명성 때문에 두 가지를 모두 할 수 있다면 당연히 제 노력을 입증할 수 있는 자료가 있으면 좋겠습니다. 따라서 두 가지를 모두 할 수 있는지, 즉 제가 하고자 하는 일을 위해 어느 정도 효율적으로 준비하는 동시에 박사학위를 확보할 수 있는지, 또는 첫 번째

---

25 제임스 피셔(James Earnest Fisher, 피시아皮時阿, 1886~1989)는 미국 남감리회 선교사로 컬럼비아대학에서 심리학 전공, 영문학 부전공으로 졸업하고 석사학위를 취득한 뒤 1919년 10월 부인과 함께 내한하여 연희전문학교 교수로 1934년까지 봉직하였다. 문과과장 및 도서관장을 역임하였으며, 민주주의 교육이론을 국내에 소개하여 현대교육 발전에 큰 공을 남겼다. 석교(石橋)교회에 소속되어 전도 집회와 영어 강습 등의 많은 봉사를 하였다. 1945년 미군정청 학무국장으로 다시 한국에 돌아왔으며, 한국전쟁 중에는 도쿄 유엔군사령부 소속의 선전심리작전본부에서 활동하였다.

목표를 더 효율적으로 완수하기 위해 두 번째 목표를 포기해야 하는지 여부에 대한 조언을 받고 싶습니다.

또한, 어떠한 목표를 향하건, (제가 아무것도 모른다는 가정 아래) 수강해야 할 과정 등에 대한 조언을 원합니다. 농담이 아니라, 제가 심리학에 대하여 아는 것은 학부과정에서 배운 내용과 이곳에서 틈틈히 관련 문서를 읽은 것이 전부입니다.

앞으로 한동안 이곳에서 제가 가르치는 내용은 심리학 한두 과목과 윤리 한두 과목에 국한될 것이라는 점 또한 기억해야 합니다. 저는 심리학에 대하여 더욱 심화된 가르침을 줄 수 있는 진정한 심리학과가 생길 때가 오기를 희망합니다. 그러나 지금 상황이 현재 가질 수 있는 최선일 경우, 이 곳의 이 젊은이들이 심리학에 대한 가능한 최고의 교육을 받는 것이 무엇보다 중요합니다.

2년 이상 현장을 떠나는 것이 허용될지 의문이고, 그 기간 안에 필요한 학업을 마칠 수 있을지 모르겠지만 여름에도 일정과 과목이 제공된다면 가능할 수 있을 것 같습니다. 박사학위 취득을 위해 50학점이 필요한데, 제가 알기로는 한 학점은 매 학기 1주에 한 시간씩 수업을 들어야 하는 것으로 알고 있습니다. 2년 안에 완료하려면 일주일에 12시간 또는 14시간 정도의 수업을 수강해야 하는데, 현재로서는 추가 요건이나 제한하는 다른 규정이 없다면 충분히 가능할 것 같습니다. 제가 구사할 수 있는 현대 서양언어는 프랑스어 하나뿐이지만, 한국어 또한 구사할 수 있으며, 제 상황에는 다른 서양어보다는 한국어가 더욱 유용할 것으로 생각됩니다.

박사님께서 이렇게 긴 편지를 읽어 주시고 이렇게 조언을 구하는 것 자체가 너무 큰 부탁인 것 같아 죄송합니다. 저는 박사님께서 과거에 보여주신 친절함에 의지하고, 또한 우리의 서양 문명이 동양의 다양한 곳에 제대로 구현되는 것이 중요함을 박사님께서 이해하시리라 믿기에 용기내었습니다.

감사드리며, 진심으로,

호러스 H. 언더우드

1923년 2월 15일

뉴욕대학교

총장실

워싱턴 스퀘어, 뉴욕시

친애하는 위더스 원장님께.

브라운 총장님의 지시에 따라 1912년 문과대학을 졸업하고 그 후 한국에서 중요한 교육 사역을 하고 있는 호러스 H. 언더우드 군과의 서신을 동봉합니다.

12월 30일 자 언더우드 군의 서신의 내용은 읽어보시면 이해하실 것으로 생각됩니다.

해당 서신에서 제기된 질문과 관련하여 원장님께서 빠른 시일 내에 조언을 해주시면 대단히 감사하겠습니다.

자료 보관을 위하여 해당 서신을 돌려주시길 부탁드립니다.

진심으로,

해롤드 O. 부어히스

총장 비서

존 W. 위더스 원장

교육대학원

뉴욕대학교

뉴욕시, 뉴욕주

1923년 2월 21일

뉴욕대학교

교육대학원

워싱턴 스퀘어

뉴욕시

부어히스 씨[26]에게 보내는 보고

언더우드 군의 편지 관련하여 답신이 너무 늦었습니다.

저는 언더우드 군이 윤리와 심리학, 그리고 그의 윤리 학업과 관련하여 요구되는 철학사에 걸쳐 그가 원하는 학업을 지원해 줄 수 있음을 확인해 드립니다. 그가 성실한 학생이라면 박사학위 취득을 위한 요건을 2년간 정규 학기 및 두세 여름에 충족할 수 있습니다. 학업 과제는 확실히 완수할 수 있습니다. 가장 큰 문제는 그의 논문인데, 물론 우리가 그에게 이 학위를 수여할 만한 가치가 있는 논문이어야 합니다. 교육대학원은 그를 위해 최선을 다할 것이며 9월에 입학할 수 있기를 바랍니다. 펠로우십에 대해서는 아직 결정되지 않았지만 제가 클리블랜드에서 돌아오는 즉시 이 문제를 논의하도록 하겠습니다.

제가 총장의 질문에 만족스럽게 대답했다고 믿습니다.

진심으로,

존 W. 위더스

교육대학원 원장

---

26 뉴욕대학교 브라운 총장의 비서이다.

1923년 3월 16일

뉴욕대학교

문리대학

응용과학학부

뉴욕주 유니버시티 하이츠

관계자 제위

본 서신은 호러스 호튼 언더우드가 1908년 9월에 뉴욕대학교에 입
학하였으며 1912년 6월에 인문학사학위를 받았음을 인증합니다. 4년
간 그의 평균 성적은 83.7%였습니다.

진 M. 엘리엇

기록관

JME:MSM

1923년 3월 17일

친애하는 엘리엇 양,

호러스 호튼 언더우드 군의 학업 기록에 대한 보고서에 대한 감사를 표합니다.

진심으로,

총장 비서

진 M. 엘리엇, 기록관
뉴욕대학교
181번가
뉴욕주 브롱크스

EMS

1923년 3월 16일

친애하는 위더스 원장님,

내년 가을에 교육대학원에서 박사학위를 취득하기 위해 장학금 지원을 신청한 한국의 호러스 H. 언더우드 군을 기억하실 것입니다.

언더우드 군의 부친은 뉴욕대학교를 졸업하고 극동지역 선교 현장에서의 공로를 인정받아 명예 박사학위를 받기도 했습니다. 졸업 후 아들인 호러스 H. 언더우드 군이 아버지의 뒤를 이어 이 일을 계승하였습니다. 또한 그의 삼촌인 존 T. 언더우드 씨는 뉴욕대학교를 졸업하고 학교의 기부금 캠페인의 소중한 친구임을 증명했습니다.

이러한 사실을 고려하여 총장님께서는 뉴욕대학교가 언더우드 군의 계획을 장려하는 것이 바람직하다고 생각하시며, 이에 따라 박사학위 요건을 충족하는 교육대학원 과정에 대한 수업료를 무료로 제공하는 것이 바람직할지에 대한 원장님의 의견을 듣고자 합니다.

루미스 교수님과 킴볼 씨에게 이 편지의 사본을 보내 이 제안에 대한 조언을 구하고자 합니다.

원장님의 의견을 기다리며,

　진심으로,

총장 비서

존 W. 위더스 원장
뉴욕대학교
뉴욕주 뉴욕시

EMS

1923년 3월 16일

총장실에서 보내는 노트

총장님께서 본 건 관련 루미스 교수님의 조언을 구합니다.

날짜: 1923년 3월 16일

[수기 메모] "좋습니다!"[27] – MEL[28]

---

27 "Fine"으로 읽힌다.
28 뉴욕대학교 치학 교수 및 교육대학원 부원장, 워싱턴 스퀘어 캠퍼스 학장, 섬머스쿨 디렉터, 등록 사무관을 역임한 밀턴 루미스(Milton E. Loomis)인 것으로 생각된다.

1923년 3월 19일

뉴욕대학교 교육대학원

뉴욕주 워싱턴 스퀘어

부어히스 씨에게 보내는 노트

총장님의 추천에 따라 한국의 호러스 언더우드 군에게 무상 학비를 지급하는 것에 관한 부어히스 씨의 3월 16일 자 서신을 받았습니다. 이 건에 대해 진심으로 승인합니다.

진심으로,

존 W. 위더스

존 W. 위더스

교육대학원 원장

1923년 3월 27일

뉴욕대학교 총장실
뉴욕주 워싱턴 스퀘어

친애하는 언더우드 군,

지난 몇 주간 저는 독감과 그 후유증으로 인해 사무실을 비웠습니다. 이런 일이 아니었으면 12월 30일에 받아 관심을 가지고 읽은 언더우드 군의 편지에 대한 답장을 더 일찍 보내드렸어야 했습니다.

귀하의 편지에 있는 학문적 질문과 관련하여 위더스 원장으로부터 보고서를 받았으며, 이를 동봉하여 보내드립니다.

재정적인 측면에 대하여 말씀드리자면, 이 대학에서 공부하는 2년 동안의 모든 학비를 충당하는 장학금을 대학에서 기꺼이 제공한다고 말씀드릴 수 있습니다. 이렇게 하면 약간의 부대 비용, 연간 행정 비용, 졸업 비용 및 학과과정에 포함될 수 있는 실험실 비용만을 납부하게 됩니다. 모든 학비를 충당하는 장학금이 부족하지만 의미있는 도움이 되길 바랍니다.

언더우드 군의 모교는 언더우드 군이 진행하고 있는 일과 같이 사회에 중요한 일을 하는 사람에게 이러한 도움을 제공하게 되어 진심으로 만족하고 있다는 점을 덧붙여 말씀드립니다.

좋은 일만 가득하시길 기원하며, 내년 9월에 있을 대학 개강식에서 언더우드 군을 볼 수 있기를 기대합니다.

진심으로,

총장

호러스 H. 언더우드
조선기독교대학
서울, 한국

1924년 6월 3일

상호 참조서

성명　호러스 G. 언더우드[29]
주소

내용.
언더우드 부인이 교육대학원에서 수강할 5개 과목에 대한 무료
학비.

참조

성명　존 W. 위더스 원장
주소

날짜　1924년 6월 3일

---

29 호러스 G. 언더우드는 이미 1916년 12월에 세상을 떠났으므로 이 편지를 받을
수 없다. 원본에는 명확하게 호러스 G. 언더우드로 되어 있지만, 브라운 총장이나
비서실 직원이 잘못 쓴 것이 분명하므로 호러스 H. 언더우드로 번역한다.

1925년 6월 29일

뉴욕대학교 총장실
뉴욕주 워싱턴 스퀘어

클라크 판사님,

뉴욕대학교의 유학생 중 한 명이 스톡스 재단 장학금 지원을 받을 수 있는 가능성에 대해 판사님과 나눈 이야기를 잊지 않고 있습니다.

방금 전 서울의 조선기독교대학에서 중요한 일을 하고 있는 뉴욕대 졸업생 중 한 사람인 호러스 언더우드 박사로부터 그 대학을 졸업한 한국인 젊은이인 최순주 군에게 장학금을 수여하여 우리 대학 경영대학원에서 상학박사학위를 취득할 수 있도록 해 달라는 추천을 받았습니다. 이 청년은 한국의 미션스쿨과 조선기독교대학을 졸업한 크리스천이며, 뉴욕대학교에서 학위 과정을 마치면 한국으로 돌아가 그 대학에서 가르치는 것을 목표로 합니다. 그는 현재 이 나라에 와 있으며, 올해 6월 사우스다코타주 휴런 대학에서 학사학위(우등)를 받았습니다. 그는 모국과 이 나라에서 학창 시절 내내 기독교적인 활동에 매우 적극적으로 참여해 왔으며, 뉴욕대학교에서 받은 교육을 이러한 분야에서 활용할 가능성이 높다고 들었습니다.

최순주 군이 뉴욕대학교에서 수료하고자 하는 학업은 2년 또는 3년 동안 진행됩니다. 이 과정의 수업료는 약 3백 달러 또는 3백 50달러에 달할 것입니다. 스톡스 재단의 기금을 사용할 수 있을지는 모르겠지만, 뉴욕대학교는 언더우드 박사가 그토록 간절히 옹호하는 명분에 이 금액을 사용할 수 있는 기회를 소중히 여기고 있습니다.

따뜻한 안부인사와 판사님의 즐거운 여름을 기원하며,

진심으로,

총장

존 C. 클라크 판사

브로드웨이 149번지

뉴욕시

1926년 2월 6일

조선기독교대학   서울, 한국   세브란스연합의학대학

조선 기독교 교육을 위한 협의 기구

뉴욕시

5번가 156, 뉴욕시

엘머 엘스워스 브라운 박사

총장실

뉴욕대학교

워싱턴 스퀘어

뉴욕시

친애하는 브라운 박사님,

약 35년 전 제 아버지(뉴욕대학교 1881년 졸업)께서 처음 집필하시고 제가 수정 및 확장한 『영한사전』[30] 한 권을 별도의 표지로 보내드립니다.

특별히 가죽으로 제본한 몇 권을 주문하고 배송을 기다리고 있었는데, 배송 예정 기간이 한참 지났기 때문에 더 이상 기다리지 않고 일반판 중 하나를 보내드리려고 합니다.

박사님께서 이 사전을 직접 사용하실 일은 거의 없을 것이라 생각하지만, 언젠가 한국에 방문하시고 이 사전 사용에 조금 더 가까워지실 기회가 있기를 바랍니다.

별 쓸모는 없겠지만, 박사님께서 저를 위해 해주신 모든 일에 대한

---

30 책 표지에 적힌 실제 제목은 "英鮮字典"이다.

감사의 작은 표시이자 뉴욕대학교 졸업생이 한국에서까지 한국에서
도 우리 대학 졸업생들이 할 일을 찾았다는 일종의 증거로 받아주셨으
면 좋겠습니다.

또한 이 서신을 통해 작년에 경영대학원의 S. J. Chey 군[31]에게 수여
된 장학금에 대해 다시 한번 감사의 말씀을 드립니다. 그는 그곳에서
매우 즐겁게 공부하고 있으며 학업에 있어 뚜렷한 진전을 보이고 있습
니다.

이 장학금의 갱신 신청은 누구에게 해야 하는지, 즉 제가 총장님께
공식 서한을 보내 갱신 요청을 해야 할지 또는 경영대학원의 테일러
원장님께 요청을 해야 할지 비서를 통해 알려주시면 대단히 감사하겠
습니다.

박사님의 친절에 다시 한번 감사드리며, 한국에서 온 모두를 위해
뉴욕대학교가 해준 모든 것에 대해 매우 감사하게 생각합니다.

진심으로,

호러스 H. 언더우드

HHU:E

---

31 연희전문학교 상과를 1923년에 졸업하고, 뉴욕대학교를 거쳐 이후 연희전문학교
    교수, 한국은행의 전신 조선은행의 총재, 제2대 재무부장관 및 제3대 국회부의장
    을 역임한 최순주(崔淳周, 1904~1956)이다.

1926년 2월 17일

언더우드 박사님,

『영한사전』의 사본을 갖게 된 것을 자랑으로 생각하며, 부친의 업적과 본인의 업적에 대한 매우 흥미로운 사례를 본교 동문회 사무실에 소개하였습니다. 책을 보내주셔서 진심으로 감사드리며, 많은 장애물에도 불구하고 성공적으로 완료하신 것을 진심으로 축하드립니다.

최순주 군과 관련하여, 가장 간단한 방법은 테일러 원장에게 본 안건에 대한 편지를 직접 보내는 것이라고 생각합니다. 그는 박사님으로부터 상황에 대한 설명을 들은 후 필요시 제게 알려줄 것입니다.

박사님과 언더우드 부인께 따뜻한 인사와 안부를 전합니다.

진심으로,

총장

호러스 H. 언더우드 박사
조선기독교대학
5번가, 156
뉴욕시

1926년 3월 24일

조선기독교대학 　　　서울, 한국　　　 세브란스연합의학대학

조선 기독교 교육을 위한 협의 기구

뉴욕시

5번가 156, 뉴욕시

친애하는 브라운 박사님,

저는 오늘 총장실로부터 내년도 경영대학원의 학비를 충당할 장학금 추천을 승인해 주셨다는 편지를 받았습니다.

한국과 저는 박사님과 뉴욕대학교에 점점 더 깊은 빚을 지고 있습니다.

최 씨와 저를 대신해 조선기독교대학을 대표해 총장님께서 보내주신 이 큰 도움에 진심으로 감사를 표합니다.

매우 감사하게 생각합니다,

호러스 H. 언더우드

엘머 엘스워스 브라운 박사

뉴욕대학교

워싱턴 스퀘어

뉴욕시

1926년 3월 16일

조선기독교대학   서울, 한국   세브란스연합의학대학

조선 기독교 교육을 위한 협의 기구

뉴욕시

5번가 156, 뉴욕시

엘머 엘스워스 브라운 총장

총장실

뉴욕대학교

워싱턴 스퀘어

뉴욕시

친애하는 브라운 박사님,

동문회보에 제가 보내드린 『영한사전』을 소개해 주셔서 매우 감사합니다. 한국의 존재를 알리고, 이 나라가 도움에 처한 것에 대해 교육받은 사람들이 관심을 갖게 만드는 모든 일이 우리 사역에는 크나큰 소득이기에, 이 문제를 동문들에게 알려주신 것에 대해서 매우 감사하게 생각합니다. 이곳 대학을 위한 우리의 사역은 더디게 진행되고 있습니다.

현재 저희는 홀 에스테이트에서 저희 학교의 재단에 기부해 주기를 바라고 있습니다. 홀 에스테이트는 클리블랜드의 홀 씨가 몇 년 전 근동과 극동 지역의 대학생 교육을 위해 남긴 기금입니다.

홀 에스테이트의 신탁 관리자 중 두 명은 미국 알루미늄 회사(Aluminum Company of America)의 임원인 클리블랜드의 호머 H. 존슨과 피츠버그의 아서 V. 데이비스입니다. 물론 우리는 존슨 씨와 데이비스

씨에게 우리 사역의 필요성을 설득하고자 하며, 이미 한국을 방문했거나 한국에서의 저희 사역의 성격과 가치를 알고 있는 많은 영향력 있는 개인들이 존슨 씨에게 친절하게 편지를 보냈습니다. 대부분의 경우 이분들은 친절하게도 편지의 사본을 보내주셨고, 저희가 원하는 방식으로 편지를 사용할 수 있는 특권을 허락해 주셨습니다.

박사님께서 여러 번 한국에서의 이러한 교육사업의 가치에 대한 의견을 표명해 주신 만큼, 박사님께서 제 아버지 및 다른 사람들과의 친분을 통해 아시게 된 내용과 박사님께서 직접 연구하신 내용을 토대로 한국에서 이루어지고 있는 사역에 대한 박사님의 견해와 지식을 존슨 씨나 데이비스 씨에게 편지를 통하여 전달해 주실 용의가 있는지 묻고자 합니다. 존슨 씨는 그러한 증언에 큰 비중을 두는 것으로 알려져 있으며, 이는 매우 당연한 일입니다.

물론 저희는 존슨 씨에게 개인적인 호소를 하려는 것이 아니라 그가 결정을 내릴 수 있는 근거를 제시하려고 하는 것임을 이해해 주시기 바랍니다.

이러한 내용의 서신은 이미 홀리요크대학의 울리 총장, 시카고트리뷴 신문과 코스모폴리탄 잡지의 프레지어 헌트 씨, 뉴욕대학교 졸업생인 크로셋 소령[32], 전직 주한 공사를 역임하신 호러스 뉴턴 알렌 박사님, 개런티 트러스트 컴퍼니[33]의 윌리엄 H. 해밀턴 씨, 그리고 워싱턴 D.C.에서 변호사로 일하고 있는 프레드 돌프 씨께서 이미 보내셨습니다.

저는 제가 무리한 부탁을 하고 있다는 것을 알고 있지만, 박사님께서 그간 보여주신 친절함뿐만 아니라 존 언더우드 씨가 이 일을 돕기 위해 당신이 할 수 있는 모든 것을 기꺼이 해줄 것이라고 확신한다는

---

32 전직 뉴욕대학교 총동문회장이었을 것으로 추정된다.
33 뉴욕에 기반을 둔 대형 은행이며, 향후 JP 모건과 합병한다.

사실에 용기를 얻게 되었습니다.

제가 너무 많은 것을 요구하지 않았기를 바라며, 이 큰 부탁을 들어
주실 수 있기를 바랍니다.

진심으로,

호러스 H. 언더우드

HHU:E

P.S. 존슨 씨의 주소는 아래와 같습니다.

1008 Ulmer Building

Cleveland, Ohio.

1926년 3월 17일

친애하는 언더우드 박사님,

저는 조선기독교대학의 상황에 대해 자세히 알지 못하기 때문에 제가 할 수 있는 말이 존슨 씨에게 도움이 될지 확신할 수 없습니다. 하지만 제가 최대한 할 수 있는 말을 하였으며, 제 편지 사본을 동봉하여 보내드립니다.

모든 행운을 빌며,

진심으로,

총장

호러스 H. 언더우드 박사

5번가 156

뉴욕시

1926년 3월 17일

친애하는 존슨 씨.

제가 듣기로는 현재 조선기독교대학을 위한 상당한 기금을 마련하기 위한 노력이 진행되고 있으며 이 노력이 귀하께도 전달되었다고 들었습니다. 저는 한국에 가본 적이 없습니다. 그러나 뉴욕대학교를 졸업하고 제가 개인적으로 알고 지낸 호러스 언더우드 부자에 대해 말씀드리게 되어 기쁘게 생각합니다.

뉴욕대학교는 언더우드의 부친에게 두 개의 명예학위를 수여했고, 아들은 최근 박사학위를 받았습니다. 저는 언더우드의 부친이 돌아가시기 얼마 전 그와 짧은 친분을 나누었을 때 그의 품격에 대해 잘 알 수 있게 되었습니다. 그는 해외 선교사들이 최우선으로 가져야 할 기독교적 이상에 대해 특별한 헌신을 가진 사람이었습니다. 그러나 그는 광신자는 아니었습니다. 그는 폭넓은 학식을 갖춘 학자이자 유능한 외교관이었습니다. 그는 개인적인 차림과 교제에서 매우 뛰어났기 때문에 그를 만났을 때 나는 기독교 교회 역사를 통틀어 선택된 사람 중 한 명과 이야기하고 있다고 느꼈습니다. 아들은 소박하고 철저한 방식으로 아버지의 발자취를 따라 아버지가 심은 기독교 문명의 씨앗을 충실히 가꾸고 있습니다.

이 개인적인 말이 존슨 씨에게 도움이 될지 모르겠지만, 그분들과 그분들의 생애를 바친 사역을 대변하여 말할 수 있는 기회를 갖게 되어 기쁩니다.

진심으로,[34]

---

34 서명되지 않았으며, 하단의 호머 H. 존슨은 수신자 주소인 것으로 보인다. 레터헤드도 없고, 서명되지 않았으나, 발신자는 (당연히) 뉴욕대학교 총장 엘머 브라운

호머 H. 존슨

1008 Ulmer Building

클리블랜드, 오하이오

___

박사일 것으로 추정된다.

1926년 3월 20일

조선기독교대학 　　　서울, 한국 　　　세브란스연합의학대학

조선 기독교 교육을 위한 협의 기구

뉴욕시

5번가 156, 뉴욕시

엘머 엘스워스 브라운 박사

총장실

뉴욕대학교

워싱턴 스퀘어

뉴욕시

친애하는 브라운 박사님,

박사님께서 호머 H. 존슨 씨에게 보낸 매우 친절한 편지 사본을 받았으며, 이 안건에 대해 시간과 수고를 들여 편지를 써 주신 귀하의 친절에 대학을 대표하여 매우 감사드립니다.

저를 위한 이런 부탁을 기꺼이 들어주신다는 사실 자체가 존슨 씨에게 큰 영향을 가질 것이라고 확신합니다. 개인적으로 저는 당연히 제 아버지와 저에 대해 말씀해 주신 매우 친절한 말씀에 매우 감사하게 생각합니다. 저에 대한 인상에서 박사님을 실망시키는 일이 일어나지 않기를 바랄 뿐이지만, 어떤 방법으로도 증명되지 않을까봐 걱정됩니다.

박사님께서 보여주신 여러 가지 친절에 감사드립니다.

진정으로,

호러스 H. 언더우드

HHU:E

1926년 4월 30일

조선기독교대학   <u>서울, 한국</u>   세브란스연합의학대학

조선 기독교 교육을 위한 협의 기구

뉴욕시

5번가 156, 뉴욕시

엘머 엘스워스 브라운 박사

총장실

뉴욕대학교

워싱턴 스퀘어

뉴욕시

친애하는 브라운 박사님,

제 책 『한국의 현대식 교육』 한 권을 별지를 통해 선물 및 안부인사 겸 보내드리오니, 받아주시기 바랍니다.

이 책은 원래 제가 교육대학원에서 학위 논문으로 준비했던 것으로, 그 학교 교수진에게 발표했던 형태와 거의 동일하게 출판되었습니다.

제가 대학에서 공부하는 동안 박사님과 대학교가 저를 위해 해주신 모든 일에 대해 깊은 빛을 지고 있다고 느낍니다.

진심으로,

호러스 H. 언더우드

HHU:E

1926년 5월 6일

언더우드 박사님께

이번에는 "한국의 현대식 교육"에 관하여 보내주신 책을 통해 다시 한번 신세를 지게 되었습니다. 저는 박사님의 손에서 나온 모든 결과물을 기쁘게 생각하기 때문에 그것을 갖게 되어 매우 기쁩니다.

모든 소원을 담아,

진심으로 기원합니다,

총장

호러스 H. 언더우드 박사
조선기독교대학
5번가 156
뉴욕시

1928년 5월 28일

EEB MMD

참조: 초청과 함께 동문 사무실

친애하는 언더우드 박사님,

브라운 부인과 저는 개인 사정으로 인해 기념식에 참석할 수 없었으나, 존경하는 부친의 동상 제막식에 초대장을 보내주셔서 감사합니다. 아버지를 추모하는 이 행사를 축하드립니다. 동문회 사무국에도 이 소식을 전합니다.

최고의 인사와 함께 행운을 빕니다.

진심으로,

총장

호러스 호튼 언더우드 박사
조선기독교대학
서울
한국

1931년 6월 11일

조선기독교대학

서울, 한국

엘머 E. 브라운 박사, 총장

뉴욕대학교

뉴욕, 미국

친애하는 브라운 박사님,

얼마나 많은 뉴욕대학교 동문들이 편지로 당신을 귀찮게 해드리는지 모르겠으나, 제 편지들 만큼 멀리 갈 수 있는 마음은 거의 없을 것이라고 확신합니다. 언더우드 부인, 최 박사, 저와 저희 대학을 설립한 제 아버지가 모두 뉴욕대학교 출신이기 때문에 저희는 박사님과 뉴욕대학교에 대한 생각을 자주 합니다. 저는 올여름 토론토와 클리블랜드에서 열리는 Y.M.C.A 회의에 참석하고 8개월 동안 미국의 교육제도와 방법을 연구하고 관찰하기 위해 미국에 갈 유 교수(U. K. Yu)[35]를 대신하여 이 편지를 씁니다. 저는 뉴욕대학교가 유 교수를 맞이하여 그가 뉴욕대학교에서 사용하는 매우 효율적이고 최신의 방법을 엿볼 수 있고 배워올 수 있기를 바랍니다. 저는 이 편지를 그에게 소개용으로 전달할 것이지만, 총장인 에비슨 박사가 그를 데리고 박사님을

---

35 당시 연희전문학교 학감 유억겸(俞億兼, 1896~1947)이다. 1931년 7월 7일 자 『동아일보』 2면에 관련 기사가 실려 있다. "시외 연희전문학교 학감 유억겸 씨는 학사시찰의 목적으로 금6일 오후 9시 5분 발 경부선 열차로 미국으로 가게 되었다. … 미국 클리브랜드에서 8월 4일에 열릴 제20회 세계기독교청년회대회에 참렬할 예정이다. … 그 후의 모든 시일은 뉴욕에 있는 연전(延專)재단 후원회의 지도를 받아 미국 각 대학의 학교행정내용 기타를 시찰하고, 구라파를 거치거나 그렇지 않으면 하와이를 거쳐 명년 정월이나 2월에 귀국하리라는데, 금번 시찰은 조선교육계에 적지 않은 공헌이 있으리라고 기대된다 한다."

찾아뵐 수 있기를 희망합니다.

현재 저는 한국에 관한 서양 문헌록[36]을 출판 중에 있으며, 출간되는 즉시 박사님께 보내드리도록 하겠습니다. 이 작업이 박사님께 큰 도움이 되리라고는 기대할 수 없지만, 뉴욕대 동문의 소소한 활동 중 하나로서 흥미로울 수 있을 것입니다.

박사님의 여러 가지 친절에 진심으로 감사드립니다.

매우 정중하게,

호러스 H. 언더우드

HHU: MS

---

36 1931년 Chosen Christian College에서 출판된 *Partial bibliography of occidental works on Korea with a paper on occidental literature on Korea*라는 책으로, 185페이지 분량이다.

1931년 7월 8일

동문 사무소를 위한 사본

친애하는 언더우드 박사님,

박사님의 편지를 받았으며, 유 교수님의 방문을 미리 알려주셔서 매우 감사합니다. 저는 유 교수님이 이곳 뉴욕대학교에서 가장 보고 싶어하실 만한 것들을 보여드릴 수 있을 것으로 생각됩니다. 에비슨 박사님을 만나게 되면 더욱 좋을 것입니다.

우리 도서관에 한국에 관한 서양 문헌록을 소장하게 되어 기쁘게 생각합니다. 유용하고 중요한 출판물이 될 것이라고 확신합니다.

여기 있는 제 동료들도 박사님을 비롯한 조선기독교대학의 모든 뉴욕대학교 동문들에게 따뜻한 추억과 좋은 기원을 함께 보내고 싶어 할 것입니다.

　진심으로,

총장

호러스 H. 언더우드 박사
조선기독교대학
서울, 한국

1931년 10월 14일

친애하는 언더우드 박사님,

유 교수님이 방금 제 사무실에 오셔서 박사님의 소개서를 전달해 주셨습니다. 저희 학교의 강용흘[37] 동양문화 강사의 도움과 지도 아래 유 교수님이 원하는 만큼 뉴욕대학교에 대한 통찰을 얻으시리라 믿습니다.

박사님께서 보내신 한국에 관한 서양 문헌록이 도착하기를 손꼽아 기다리겠습니다. 한편, 두 겹의 모교(그리고 물려받은 것까지 포함하면 세 겹의 모교)에서 보내는 친선과 안부의 메시지를 다시 한번 전합니다.

깊은 진심으로,

총장

호러스 H. 언더우드 박사
조선기독교대학
서울, 한국

---

37 강용흘(姜鏞訖, 1898~1972)은 함흥 영생중학교를 졸업하고, 3·1운동 후 미국으로 건너가 보스턴대학에서 의학을, 하버드대학에서 영미문학을 전공하였으며, 일제의 한국 강점과 3·1만세운동을 배경으로 한 자전적인 영문 장편소설 『초당(草堂, The Grass Roof)』을 1931년에 출간하였다. 뉴욕대학에서 동양문화와 비교문학을 강의하면서, 소설 『행복한 숲(The Happy Grove)』(1934)과 희곡 「왕실에서의 살인」(1935) 등을 발표하였다.

1931년 10월 24일

와트 교수님께 보내는 노트

조선기독교대학의 부총장인 호러스 그랜트 언더우드[38] 박사가 본 노트와 함께 보내드리는 8권의 전집을 브라운 총장님께 학교 도서관에 대한 선물로 보냈습니다. 제가 알기로는 이 책들은 언더우드 박사의 저술 또는 편집의 산물입니다. 강용흘 강사가 이 전집을 살펴보고 책들의 성격과 언더우드 박사와의 구체적인 관계에 대한 간단한 보고서를 준비해 주실 수 있을 것 같다는 생각이 들었고, 그러한 보고서는 우리 홍보실에서 이 기증품을 적절히 발표하는 데 도움이 될 것이며 우리 도서관에서도 목록 작성에 도움이 될 것이라는 생각에 이 글을 씁니다.

강용흘 강사와 이 안건을 논의해 주실 의향이 있으신지 궁금합니다.

총장 보좌관

호머 A. 와트 교수
뉴욕대학교

---

38 '호러스 호튼 언더우드'의 오기로 보인다.

1931년 10월 29일

친애하는 언더우드 박사님,

한국에 관한 서양 문헌록 8권이 손에 들어와 매우 기쁩니다. 강용흘 강사에게 이 책들에 관한 보고를 부탁하고자 하며, 저희 사서와 홍보실에 도움이 될 것 같습니다.

매우 중요한 작품처럼 보이는 이 선물에 대해 진심으로 감사드립니다.

진심으로,

총장

호러스 H. 언더우드 박사
조선기독교대학
서울, 한국

1931년 11월 4일

친애하는 언더우드 박사님께,

10월 29일에 제가 보낸 편지를 보고 의아해하셨을 겁니다. 한자로 쓰인 여덟 권의 책이 제게 왔는데, 저는 박사님께서 보내신 책들을 기다리고 있었던 만큼, 이 책들이 박사님께서 보낸 책이라고 생각했습니다. 이 책들은 상하이교통대학의 요생(曜生) 여조환(리자오후안, 黎照寰, J. Usang Ly) 선생이 보내왔다는 소식을 들었습니다. 이 책들은 벅슬리, 몽테스키외, 애덤 스미스 등의 저서를 중국어로 번역한 책들입니다. 저는 여전히 박사님께서 보내신 책들을 받기를 고대하고 있지만, 결코 서두른다는 표현이 아니라는 것을 이해하실 것이라 믿습니다. 그 책들에 담긴 많은 내용이 당연히 제 해석 능력을 넘어설 텐데, 그 정도가 아니었더라면 서둘렀을 것입니다.

다시 한번 인사와 좋은 소망을 보내드립니다.

진심으로,

총장

호러스 H. 언더우드 박사
조선기독교대학
서울, 한국

1931년 11월 6일

친애하는 와트 교수님,

브라운 총장님은 최근 강용흘 강사가 중국어 도서 전집을 검토하고 이에 관한 정보를 제공해 준 노고에 대해 감사의 뜻을 전하고 싶어 하십니다. 강 강사가 제공한 정보는 저희가 원하던 내용이었습니다.

우연히도 저희가 해당 도서를 받게 되어, 이를 한국 서울에 상주하는 언더우드 박사가 보낸 것으로 생각하였습니다. 언더우드 박사는 한국어로 된 책 목록을 보내왔다고 편지를 보냈기 때문입니다. 그러나 사실 언더우드 박사의 책들은 아직 받지 못했습니다. 강 강사가 검토한 책들은 상하이에서 우리 대학교의 상과학교 졸업생이 독립적으로 우리에게 보낸 것으로 밝혀졌습니다. 물론 우리가 한문과 한글을 구분하지 못한 것도 혼동에 한몫을 했습니다. 언더우드 박사의 책이 도착하면 우리는 다시 강 강사에게 도움을 요청해야 할 것입니다.

진심으로,

총장 보좌관

호머 A. 와트 교수
워싱턴 스퀘어 칼리지
뉴욕대학교

1931년 11월 11일

조선기독교대학

서울, 한국

엘머 E. 브라운 박사

뉴욕대학교

워싱턴 스퀘어

뉴욕시, 뉴욕주

미국

친애하는 브라운 박사님,

유 교수님께서 박사님을 방문하여 제 소개서를 전달하였다는 박사님의 10월 14일 자 편지를 오늘 아침에 받았습니다. 조선기독교대학과 저를 대표하여 다시 한번 우리 조선기독교대학과 제게 베풀어 주신 여러 후의에 대해 감사의 말씀을 드립니다. 이 학교를 설립하신 저의 부친께서 뉴욕대학교를 졸업하시고 두 개의 명예학위를 받으셨으며, 현재 이 학교에서 가르치고 있는 언더우드 부인과 저는 모두 뉴욕대학교에서 공부하였고, 상학과의 최순주 박사도 뉴욕대학교 출신이므로 두 기관은 매우 특별한 인연을 가지고 있습니다. 유 학장님에게 베푸신 친절로 인해 저희의 빚이 크게 늘어났으며, 진심으로 감사드립니다.

총장인 에비슨 박사의 부재로 제가 총장직을 대행하고 있는데, 이번 봄에는 박사님의 전략을 빌려와서 정기 동문 서신이라는 새로운 전통을 시작하였습니다. 박사님께서 창안하신 아이디어인 만큼 좋을 것이라는 것은 알고 있었지만, 제가 직접 시도한 실험이 매우 큰 성공을 거둔 것에 놀랐습니다. 너무 성공적이어서 이러한 사안에 대한 박사님의 오랜 경험과 통찰력에서 더 많은 것을 배울 수 있기를 바랄 뿐입니다.

얼마 전에 고등교육기관 경영에 관한 책을 출간하셨다고 들었는데, 그런 책에 대한 공지나 광고를 본 적이 없습니다. 혹시 그런 책이 있다면 제목과 출판사를 알려 주시면 감사하겠습니다. 또한 없다면 우리가 어둠 속에서 더듬고 있는 많은 것들을 박사님으로부터 배울 수 있는 기회에 크게 감사할 사람들이 많다는 말씀을 드려도 주제넘은 말이라고 생각하지 않으셨으면 좋겠습니다.

이번 여름에 한국 북쪽에 있는 아주 흥미로운 산으로 떠났던 여행기록[39] 사본을 동봉해 드리니 관심 있게 봐주셨으면 좋겠습니다.

박사님의 여러 가지 후의에 다시 한번 감사를 표합니다.

　　진심으로,

　　　　　　　　　　　　　　　　　　　호러스 H. 언더우드

HHU: MS

---

39 이 책의 5장에 실린 에델 와고너 언더우드(Ethel Van Wagoner Underwood, 1888~1949)의 백두산 기행문 *Paik Tu San*을 가리킨다.

1931년 11월 27일

조선기독교대학

서울, 한국

엘머 E. 브라운 박사

총장실

뉴욕대학교

워싱턴 스퀘어

뉴욕시, 뉴욕주

미국

친애하는 브라운 박사님,

하루 이틀 전에 박사님으로부터 편지를 받고 당황스러웠는데, 제가 집필한 한국에 관한 서양 문헌록 8권을 받으셨다는 내용이었습니다. 제가 당황한 이유는 아직 그 책이 인쇄소에서 출판되지 않았고 따라서 박사님께 보내지지 않았기 때문입니다. 이전 편지에서 말씀드린 대로 나오는 즉시 보내드릴 수 있기를 기대하기 때문에, 박사님께서 받으신 책들이 무엇인지는 모르겠지만 분명히 제가 집필한 문헌록은 아닙니다. 제가 상상할 수 있는 유일한 것은 저희 사무실에서 여러 권의 조선기독교대학 안내책자를 박사님께 보내면서, 급히 검수한 나머지 그것을 문헌록으로 표기하여 보내진 것인가 봅니다.

유 교수님으로부터 박사님께서 베풀어 주신 친절에 대해 들었는데, 매우 감사하게 생각하고 있습니다.

진심으로,

호러스 H. 언더우드

1931년 12월 23일

친애하는 언더우드 박사님,

박사님의 11월 11일 자 편지를 잘 받았습니다. 이 편지를 받으실 때는 이미 늦었겠지만, 박사님과 언더우드 부인께 저와 브라운 부인의 진심이 담긴 연말연시 인사를 보내드리며, 이곳 뉴욕대학교의 모든 동료들 또한 같은 마음일 것이라 생각합니다.

언더우드 부인께서 집필하신 백두산, 1931 글은 매우 흥미롭습니다. 제 아내에게 보여주었더니, 아내 역시 흥미있게 읽었답니다.

진심으로,

총장

호러스 H. 언더우드 박사
조선기독교대학
서울, 한국

1932년 2월 10일

친애하는 언더우드 박사님,

박사님의 서양 문헌록에 대한 상황을 파악하였으며, 방금 제 책상에 도착한 이 책들을 갖게 되어 매우 기쁩니다. 이 책들이 매우 유용하게 쓰일 것 같고, 엄청난 양의 학문적 노력을 기울인 것이 분명합니다.

모든 좋은 소망과 인사와 함께,

다시 한번, 깊은 진심을 담아,

총장

호러스 H. 언더우드 박사

조선기독교대학

서울, 한국

1932년 2월 10일

친애하는 언더우드 박사님,

박사님의 서양 문헌록에 대한 상황을 파악하였으며, 방금 제 책상에 도착한 이 책들을 갖게 되어 매우 기쁩니다. 이 책들이 매우 유용하게 쓰일 것 같고, 엄청난 양의 학문적 노력을 기울인 것이 분명합니다.

모든 좋은 소망과 인사와 함께,

다시 한번, 깊은 진심을 담아,

총장

호러스 H. 언더우드 박사
조선기독교대학
서울, 한국

도서관으로 전달
2월 10일[40]

---

40 이전 문서와 내용이 동일하며, 하단에 메모만 추가되었다.

존 T. 언더우드가
뉴욕대학교와 주고받은 편지들

타자기 회사 선호도 설문지[41]

  1, 2, 3, 4, 5의 숫자를 사용하여 아래 나열된 타자기 회사들에 대한 선호도를 표시하시오. 사용한 적 없는 장비에 대한 평가를 삼가시오.

____ L. C. 스미스

____ 노이즈리스 타자기 (3열 키보드)

____ 레밍턴

____ 로열

____ 언더우드

_____

(서명)

_____

41 원문에는 없는데, 번역과정에서 독자를 위해 임의로 제목을 달았다. 뉴욕대학교
   가 타자기를 구입할 때에 여러 부서의 직원들에게 어느 회사 타자기가 좋은지
   선호도를 묻는 설문지이다.

타자기 인기도 조사 보고서[42]

순위	1	2	3	4	5	합
L. C. 스미스	2	4	1	4	5	13
노이즈리스 타자기[43] (3열 키보드)	…	1	3	2	3	9
레밍턴	19	7	2	2	…	30
로열	4	8	5	…	…	17
언더우드	4	11	13	1	…	29

참여 부서

감사실

회계처

도서관

등록처

자산관리실

홍보처

로스쿨

체육학과

총 참여 부서 … 30

---

42 번역 과정에서 임의로 제목을 달았다.

43 레밍턴 타자기나 언더우드 타자기의 모델인데, 자판을 두드리는 소리가 적다.

1921년 12월 8일

언더우드 타자기 회사

뉴욕

총장 엘머 E. 브라운 박사

뉴욕대학교

워싱턴 스퀘어

뉴욕시

친애하는 브라운 박사님,

저의 빠른 쾌유를 기원하는 총장님의 12월 5일 자 편지를 받았으며, 이에 대해 감사드립니다.

또한 릴리아스 호튼 언더우드 부인이 돌아가셨다는 소식에 브라운 부인과 총장님께서 충격을 받으셨다는 소식을 전해들었습니다. 언더우드 부인은 남편과 같은 질병인 복강병(Sprue)[44]으로 사망했습니다.

진심으로,

존 T. 언더우드

---

44 복강병은 밀, 귀리, 보리, 호밀과 기장에 함유된 단백질인 글루텐에 대한 불내성 (不耐性) 때문에 발생한다. 이 질환의 가장 일반적인 증상은 체중저하, 만성 설사 이다. 유럽인, 특히 아일랜드인이나 이탈리아인에게 유전적으로 나타난다.

1924년 3월 13일

언더우드 타자기 회사

뉴욕

총장 엘머 E. 브라운 박사

뉴욕대학교

워싱턴 스퀘어

뉴욕시

친애하는 브라운 박사님,

3월 18일 화요일 저녁 7시에 유니버시티 클럽[45]에서 저녁 식사에 초대해 주셨지만, 같은 날 저녁에 두 개의 약속이 있어 참석할 수 없음을 알려드리게 되어 유감스럽게 생각합니다.

진심으로,

[판독 불가][46]

JTU/M.

---

45 이름과는 달리, 뉴욕대학교나 다른 어떤 대학교와도 연관이 없는 사교클럽이다. 1865년 설립 이후 지금까지 뉴욕에서 가장 선망받는 사교클럽 중 하나이다. 예일 대학교 동문들이 세웠으며, 블룸버그 시장, JP 모건, 데이비드 패터슨 주지사, 니콜라 테슬라 등 유명인사가 클럽 회원이었다.

46 정황상 존 언더우드일 것 같지만, 원문을 보면 전혀 존 언더우드의 서명으로 보이지 않는다.

1926년 1월 29일

뉴욕대학교 총장실

뉴욕시 워싱턴 스퀘어

친애하는 언더우드 씨,

마이네케 씨가 보내주신 언더우드 씨의 1월 12일 자 편지를 통해 제가 전혀 알지 못했던 상황을 알게 되었습니다. 저는 대학 감사관의 도움을 받아 이 문제를 자세히 살펴봤습니다. 타자기 구매 방식에 대한 의견 차이가 있지만, 우리는 이러한 차이를 조율하고 이 문제에 대한 광범위한 정책을 준비 중이며, 이를 통해 앞으로 차별이나 반감의 문제를 예방할 수 있을 것이라고 확신합니다. 새로 임명된 오피스 매니저인 라이스 씨는 구매 감독관인 존슨 씨와 협력하여 위 사안에 대해 노력하고 있습니다.

존슨 씨가 일부 부적절한 표현을 한 점은 사실이지만, 당시에는 농담으로 의도하였으며 단지 농담의 방향성이 잘못되었을 뿐이고 그의 의도가 불공정했다는 징후는 찾을 수 없습니다. 아마도 그는 다른 회사 중 한 곳의 적극적인 전략과 영업실력에 어느 정도 영향을 받았을 수도 있지만, 그 회사의 담당자가 기계가 잘 수리되었는지 확인하기 위해 특별한 노력을 기울이고 비상한 신속성과 예의로 긴급한 요구를 충족시키는 등 합법적인 방법 외에 어떤 불공정한 영업 방법을 사용했다는 증거를 찾지 못했습니다.

언더우드 씨께서 뉴욕대학교에 대한 애정을 가지고 계신 만큼, 구매 부서의 운영이 효율적이고 경제적이며 공정하게 이루어지고 있다는 확신을 갖고 싶으실 것입니다. 저희는 이를 위해 노력하고 있고, 앞서 밀씀드린 대로 서비스를 개신할 수 있으며 실제로 개신할 특정 사항을 알려주신 점에 대해 진심으로 감사드리고 있습니다.

위 내용에 만족하실 것을 믿으며, 따듯한 안부인사와 함께,

진심으로,

총장

1926년 1월 30일

뉴욕대학교 총장실

뉴욕시 워싱턴 스퀘어

친애하는 언더우드 씨,

마이네케 씨가 보내주신 언더우드 씨의 1월 12일 자 편지를 통해 제가 전혀 알지 못했던 상황을 알게 되었습니다. 저는 대학 감사관의 도움을 받아 이 문제를 자세히 살펴봤습니다. 타자기 구매 방식에 대한 의견 차이가 있지만, 우리는 이러한 차이를 조율하고 이 문제에 대한 광범위한 정책을 준비 중이며, 이를 통해 앞으로 차별이나 반감의 문제를 예방할 수 있을 것이라고 확신합니다. 새로 임명된 오피스 매니저인 라이스 씨는 구매 감독관인 존슨 씨와 협력하여 위 사안에 대해 노력하고 있습니다.

언더우드 씨께서 뉴욕대학교에 대한 애정을 가지고 계신 만큼, 구매 부서의 운영이 효율적이고 경제적이며 공정하게 이루어지고 있다는 확신을 갖고 싶으실 것입니다. 저희는 이를 위해 노력하고 있으며, 앞서 말씀드린 대로 서비스를 개선할 수 있으며 실제로 개선을 할 특정 사항을 알려주신 점에 대해 진심으로 감사드리고 있습니다.

위 내용에 만족하실 것을 믿으며, 따뜻한 안부인사와,

진심으로,

총장

존 T. 언더우드, 변호사[47]

베시 스트리트 30번지

뉴욕시

---

47 이름 뒤 붙은 'Esq.'는 Esquire의 약어로 미국에서는 변호사를 칭할 때 쓰인다. 존 언더우드의 고향 영국에서는 작위는 없으나 사회 상류층에 속하는 지주를 일컫는 말인데, 미국인인 총장이 언더우드의 고향인 영국 방식에 맞춘 것일 수 있다.

1926년 2월 2일

언더우드 타자기 회사

뉴욕

엘머 E. 브라운 박사, 총장

뉴욕대학교

워싱턴 스퀘어

뉴욕시

친애하는 브라운 박사님,

박사님의 1월 30일 자 편지를 받았으며, 본 사안에 대한 박사님의 관심에 대한 감사를 표시합니다. 본 사안에 대한 논란이 일어난 이유는 잘 모르겠으나, 그 후 특정 학과에서 적대감이 있다는 것을 알게되었는데, 요즈음과 같은 진보적 시대에 이러한 적대감이 있다는 것은쉽게 이해하기가 어렵습니다. 이에 대해 박사님의 직접적인 주의를요청하는 것이 최선이라고 생각하였습니다. 박사님께서 여러 가지 업무를 주관하시다 보니 바쁘신 분이라는 것은 인지하고 있으나, 본 사안을 관리하기에는 너무 하찮은 사람들이 있으며, 찰스 스트라우스씨나 다른 우리 직원이 언더우드 타자기를 사용하는 귀교의 학과에서이러한 문제가 존재한다는 것을 알도록 하고 싶지 않습니다. 특히 우리 직원들이 요청을 받은 안건들에 대해서는 더욱 그렇습니다. 그러나, 본 사안은 적절한 시간 내에 해결될 것입니다.

진심을 담아 드립니다,

존 언더우드

JTU.AK

1926년 3월 29일

뉴욕대학교 총장실
뉴욕시 워싱턴 스퀘어

친애하는 언더우드 씨,

오늘 오전 찰스 스트라우스 씨와 짧은 대화를 나누었으며, 언더우드 타자기에 불리한 타자기 구매 표준화가 아직도 진행되고 있다는 점에 놀랐습니다. 이런 표준화에 대한 경향은 단 한 번도 완료되지 않았으며, 언더우드 씨께서 제게 말씀 주신 이후 바로 중단되었다고 확언드립니다. 본건과 같은 저희 대학교의 타자기 상황은 현재 본교의 총무인 루이스 A. 라이스 씨 담당으로 변경되었으며, 라이스 씨는 오랜 경력을 가진 사무원인데, 성격이 공정하고, 본 사안을 잘 이해하고 있습니다. 저희 대학교는 타자기를 구매할 때에 각 경우에 적합한 타자기의 장점을 평가하여 선정하고자 최선을 다하고 있다는 점을 솔직히 말씀드릴 수 있으며, 이는 저희 학교의 의도이기도 합니다. 따라서, 특정 타자기를 독점적으로 구매하지는 않을 것입니다. 반대로, 특정 타자기를 배제하지도 않을 것입니다. 이러한 방침은 저희 학교와 같이 위대한 대학교가 가져야 할 방침이라는 점에 동의하실 것이라 믿으며, 편파적인 평가가 개입되는 방침은 아무리 학교에게 이로운 이면이 있더라도 위대한 대학교가 가져서는 안 되는 방침일 것입니다.

또한, 스트라우스 씨와의 대화에서도 언급했듯이 저희 학교의 구매 중개인과 귀사의 판매 중개인은 본 사안에 대하여 어느 정도의 귀책 사유가 있다고 생각하며, 그렇지 아니하였으면 양측 중 어느 하나라도 이 정도의 불만을 가질 이유가 없었을 것이라 생각합니다. 저희 측은 저희 구매 중개인에 대해서는 충분한 조치를 취하였습니다. 최근에

본 사안에 대해 여러 이해 관계자들과 오랜 시간 논의를 진행하였습니다. 본 논의에는 마이네케 씨, 저희 감사(監事)인 리로이 E. 킴벌 씨, 저희 총무인 루이스 A. 라이스 씨 및 저희 구매 중개인인 시어도어 M. 존슨 씨가 참여하였으며, 본 논의는 상호가 만족할 수 있는 결론을 도출한 것으로 이해하고 있습니다.

저는 귀사로부터 추가적인 기부를 받고자 본 서신을 쓰는 것이 아닙니다. 저는 양측의 상황을 서로 잘 이해하기 위해 단순히 한 법인(法人)의 장(長)으로서 다른 법인의 장에게 쓸 뿐입니다. 그러나 저는 귀사가 저희 대학교에 수시로 도움을 준 상황에 대해 감사하다는 표시를 꼭 하고 싶었으며, 뉴욕대학교와 언더우드사 간의 여러 관계는 저희에게 아주 만족스럽고 중요한 관계로 남아있다는 말씀을 드리고 싶습니다.

제 말들을 믿어주시길 바랍니다.

총장

존 T. 언더우드, 변호사
베시 스트리트 30번지
뉴욕시

1926년 4월 12일

언더우드 타자기 회사

뉴욕

엘머 E. 브라운 총장

뉴욕대학교

뉴욕시 워싱턴 스퀘어

친애하는 브라운 박사님,

스트라우스 씨와 나눈 대화를 언급하는 3월 29일 자 편지를 받았습니다.

그 편지에 대한 답장으로서 말씀드리자면, 이 상황을 다소 걱정하고 있습니다. 총장님께서는 알지 못하시겠지만, 분명히 부당한 대우가 있었기 때문입니다. 다시 총장님과 이야기할 기회가 있을 때 자세한 말씀을 드리도록 하겠습니다.

저는 언더우드 타자기를 구입할 때 타자기에 관한 한 대학의 비용을 가능한 한 경감해 줄 용의가 있으며, 언더우드 타자기를 원하는 특정 부서에서 언더우드 타자기에 사용하도록 3,000달러의 금액을 따로 마련할 것이지만 다른 기계에는 사용하지 못하도록 할 것입니다.

즉, 3,000달러 만큼의 언더우드 타자기를 사용할 경우 각서를 보내 주시면 제가 처리해 드리겠습니다. 그 전에 언더우드 타자기 회사에 비용을 지불하면 제가 개인적으로 변상해 드리겠습니다.

뉴욕대학교의 몇몇 부서와 레밍턴 타자기 회사의 특정 영업 사원 사이에 우리 직원들에게는 허락되지 않은 우호적인 관계[48]가 있으며, 저는 이 사실을 총장님께 알려야 한다고 생각했습니다. 그래서 마이네케 씨를 총장님께 보냈고, 총장님께서 이 문제를 매우 진심으로 처리하는 모습에 깊은 인상을 받았다는 사실을 알려드리고 싶습니다.

진심으로,

언더우드 타자기 회사

존 T. 언더우드

JTU/M.

대표이사

---

48 앞에 소개한 「타자기 인기도 조사 보고서」에서 뉴욕대학교 직원 19명이 레밍턴 타자기를 1순위로 선택하고, 언더우드 타자기는 4명만 선택한 사실을 지적한 것이다.

1926년 4월 12일[49]

언더우드 타자기 회사

뉴욕

엘머 E. 브라운 총장

뉴욕대학교

뉴욕시 워싱턴 스퀘어

친애하는 브라운 박사님,

스트라우스 씨와 나눈 대화를 언급하는 3월 29일 자 편지를 받았습니다.

그 편지에 대한 답장으로서 말씀드리자면, 이 상황을 다소 걱정하고 있습니다. 총장님께서는 알지 못하시겠지만, 분명히 부당한 대우가 있었기 때문입니다. 다시 총장님과 이야기할 기회가 있을 때 자세한 말씀을 드리도록 하겠습니다.

저는 언더우드 타자기를 구입할 때 타자기에 관한 한 대학의 비용을 가능한 한 경감해 줄 용의가 있으며, 언더우드 타자기를 원하는 특정 부서에서 언더우드 타자기에 사용하도록 3,000달러의 금액을 따로 마련할 것이지만 다른 기계에는 사용하지 못하도록 할 것입니다.

즉, 3,000달러 만큼의 언더우드 타자기를 사용할 경우 각서를 보내 주시면 제가 처리해 드리겠습니다. 그전에는 언더우드 타자기 회사에 비용을 지불하면 제가 개인적으로 변상해 드리겠습니다.

뉴욕대학교의 몇몇 부서와 레밍턴 타자기 회사의 특정 영업 사원

---

49 앞의 편지와 같은 내용의 편지가 다른 형태로 보관되어 있다.

사이에 우리 직원들에게는 허락되지 않은 우호적인 관계가 있으며, 저는 이 사실을 총장님께 알려야 한다고 생각했습니다. 그래서 마이네케 씨를 총장님께 보냈고, 총장님께서 이 문제를 매우 진심으로 처리하는 모습에 깊은 인상을 받았다는 사실을 알려드리고 싶습니다.

진심으로,

언더우드 타자기 회사
존 T. 언더우드

JTU/M.
대표이사

1926년 4월 13일

뉴욕대학교 총장실
뉴욕시 워싱턴 스퀘어

친애하는 언더우드 씨,

4월 12일 자 서신에 전달해 주신 친절한 제안에 감사드리며, 제안 조건에 따라 적절한 시일 내에 재무팀이 보고서를 보내도록 요청하겠습니다.

저희는 이 문제와 다른 모든 사안을 공정하고 간단하며 정파적이지 않은 방식으로 처리하기 위해 노력하고 있으며, 향후 저희 임원의 행동이 이러한 성격을 지닌 것으로 언더우드 씨로부터 인정받기를 바랍니다.

개인적인 안부를 전하며,

진심으로,

총장

존 T. 언더우드, 변호사
베시 스트리트 30번지
뉴욕시

1926년 4월 15일

뉴욕대학교 감사실
뉴욕시 워싱턴 스퀘어

수신인: 엘머 E. 브라운 총장
참조: 언더우드 씨에게 보내는 4월 13일 자 편지

총장님께서 4월 13일 존 T. 언더우드 씨에게 보낸 편지는 매우 좋았습니다. 언더우드 씨의 4월 12일 자 서신의 사본 및 라이스 씨와 존슨 씨에게 총장님께서 보낸 답신 모두 보관하고 있습니다.

리로이 E. 킴벌[50]

---

50 당시 감사(comptroller)로 역임 중이었으며, 1945년에는 부총장 자리까지 오른다.

1926년 4월 15일

언더우드 타자기 회사

뉴욕

엘머 E. 브라운 총장

뉴욕대학교

워싱턴 스퀘어

뉴욕시

친애하는 브라운 박사님,

저의 12일 자 편지를 받으셨다고 하신 13일 자 편지를 받았습니다. 이 문제를 만족스럽게 처리하여 모든 것을 바로잡도록 노력하겠다고 말씀주신 점 또한 이해하였습니다. 나는 당신이 그렇게 할 것이라고 느꼈습니다.

진심으로,

언더우드 타자기 회사

존 T. 언더우드

대표이사

JTU/AM

5

호러스 H 언더우드 부인의 백두산 기행문

백두산 사진

장백산(長白山)

한국 꼭대기에서,
아래는 하늘의 호수 [천지]

습지를 가로지르는
코르덴 길

"안락의 호수"의 포근한 기슭

백두산, 1931년[51]

장백산(長白山)
호러스 H. 언더우드 부인[52]

7월 7일 월요일 밤, 버니타 블록 박사, J. W. 허스트 박사, 도널드 허스트와[53] 언더우드 가족 5명은 11시 기차를 타고 서울을 출발하여 14시간 후 [북천][54]에서 자동차와 짐 트럭을 타고 하루를 달려 혜산진으로 향했습니다. [북천]에서 우리는 큰 교회와 텅 빈 큰 중학교 건물, 잘 지어진 두 개의 큰 초등학교 옆에 버려진 회랑을 보며 안타까운 마음을 금할 수 없었습니다. [북천]의 학교들에서 무슨 일이 일어난 것일까요? 화요일 밤 우리는 아름다운 산기슭에 있는 작은 여관에서 잠을 잤습니다. 짙은 안개 속 4,300피트 고개를 넘었는데, 이런 안개

---

51 이 글은 국내 선교 월간지인 *Korean Mission Field* 1931년 10월호에 실렸는데, 호러스 H. 언더우드가 브라운 총장에게 편지와 함께 사본을 부쳐주었다.

52 미국(또는 서양)에서는 기혼 여성을 칭할때, 예를 들어 단순히 남편의 성을 따라 'Mrs. Underwood'라고 부르는 것을 넘어서, 남편의 이름 전체에 'Mrs.'를 붙이기도 한다. 따라서, 결혼식에서 선포할때 "Mr. and Mrs. John Smith를 처음으로 소개합니다"라는 말을 하기도 하며, 또는 남편이 의사인 경우 "Mrs. Dr. John Smith"라고 부르는 경우 또한 있다. 본문 또한 이러한 경우로, 에델 와고너 언더우드가 집필하였으나, 이름은 (더 저명한) 호러스 H. 언더우드의 이름에 'Mrs.'를 붙이는 것으로 했다.

53 이때 14세 소년으로 백두산 등반에 동행한 호러스 H. 언더우드의 아들 호러스 G. 언더우드(원일한)의 회고에 의하면 "아버지를 비롯해 우리 다섯 가족과 세브란스의 닥터 8명이 함께" 갔다고 했는데, 의사는 2명만 이름이 기록되어 있고, 이 가운데 버니타 블록 박사는 세브란스가 아니라 동대문부인병원 의사이다.(『인터뷰 365』, 2008.11.06.)

54 원문 "Puk Chun"은 북춘 내지 북천으로 읽히나, 교육열(教育熱)이 높기로 이름난 북청(北青)을 표기한 것이다. 서울에서 기차를 타고 원산까지 와서 남쪽에서 북쪽으로 올라가는 길이고, 혜산진까지의 운행 시간도 적합하다.

가 계속된다면 남은 여정을 어떻게 해야할지 생각하니 기운이 빠졌습니다.

수요일 정오에 우리는 혜산진에 도착했습니다. 언더우드 박사는 즉시 말을 확보하고, 경찰과 면담한 후, 우편환을 현금화했습니다. 대형의 정부 자선 병원 책임자인 최 박사는 우리에게 귀중한 도움을 주었습니다.

블록 박사와 아들들, 그리고 저는 매력적인 젊은 군인 호위병과 함께 압록강을 건너 중국으로 향했습니다. 우리는 한국 교회[55]와 가난한 한국 학교, 진정한 중국인의 집, 중국인 상점, 많은 중국 군인, 그리고 외국인에게는 금지되어 있는 돌탑을 보았습니다. 사내아이들은 뜨는 돌을 주웠는데 백두산에서 가져온 부석일까요?

남편은 수요일 저녁 이곳의 교회에서 200여 명의 참석자들을 대상으로 설교했습니다. 혜산진 주민의 절반은 일본인이었고, 세례를 받은 일본인 기독교인들도 많았지만 2,000명의 일본인을 대상으로 기독교 사업을 하고 있지는 않았습니다.

목요일 아침엔 조랑말에 짐을 싣고 출발했습니다. 우리는 압록강에서 700피트 위 절벽에 깎인 7피트 너비의 바위길을 자동차로 달렸습니다. 나무와 꽃, 바위, 산과 강 등, 그 경치는 타의 추종을 불허했고, 호러스가 사진을 찍으러 내릴 때마다 부러웠습니다. 절벽을 따라 18마일을 달린 후 우리는 목요일 밤에 깨끗하고 아늑한 윗층 방에서 쉬었습니다. 수원산업농장 지점[56]이 그곳에 있었고, 직원들은 친절하게도 자

---

55 압록강 건너 북간도에 한국인들이 많이 살고 있어서 1909년 장로교와 감리교의 선교구역이 조정될 때 캐나다 장로교 선교구역으로 결정되었다. 1930년 남·북감리교 합동으로 기독교조선감리회가 결성될 때 북만주(길림과 하르빈)와 간도 지역 감리교회는 만주선교연회를 조직할 정도로 발전하였다.

56 수원농업학교 권업모범장을 1929년에 농사시험장으로 전환하였는데, 1931년 3월

기들은 포개어 지내면서 우리에게 방을 내주었습니다. 밤새 차가운 이슬비가 내렸기 때문에 이들의 호의에 갑절로 감사했습니다. 이 집의 여종은 18년째 신앙생활을 하고 있는 신실한 크리스천이었습니다. 성진 출신인 그녀는 친척이나 기독교인 친구도 없는 혈혈단신입니다. 집 주인은 서울 진고기[57]에서 13년 동안 살았으며, 우리 모두를 잘 알고 있었습니다.

금요일 우리는 자동차 도로를 떠나 숲과 수수밭 사이를 통과하는 내륙 경로를 따라 안장 없는 말 두 마리와 '불쌍한 말'(짐을 나르는 말) 한 마리를 번갈아 타고 이동했습니다. 외국인 8명, 말 10마리, 남자 9명으로 꽤 큰 행렬을 이루었습니다. 정오에 우리는 경찰서에 들러 차와 케이크로 기운을 차린 후 점심을 먹기 위해 길고 가파른 언덕을 걸어 올라갔습니다. 우리는 한 시간 동안 초조하게 말을 기다린 후, 존, 제임스와 허스트 박사가 조랑말을 데려오도록 남겨두고 먼저 걸어갔습니다. 우리는 뚱뚱한 아기를 안고 있는 젊은 남편과 바구니에 작은 돼지 두 마리를 담아 머리에 이고 있는 아내를 만났습니다. 그들은 여자의 어머니를 만나기 위해 12마일을 걸어가고 있었습니다. 이 고원[58]은 라일락, 온갖 색깔의 매발톱꽃, 둥굴레, 다양한 장미들, 수염패랭이꽃, 수국, 그리고 여러 종류의 조팝꽃으로 이루어진 하나의 정원이었습니다. 라일락 향기로 공기가 가득 찼습니다.

고원을 떠나기 전에 비가 내리기 시작했습니다. 카메라를 위한 특별한 비옷을 제외하고는 모든 비옷이 조랑말 위에 있었습니다. 블록 박

보천보에 설치된 북선지장(北鮮支場)을 가리킨다.
57 진고개를 표기한 것인데, 지금의 충무로 2가에 있던 나지막한 고개이다. 명동 일대를 가리키는데, 당시에 서울에서 가장 번화했던 지역 가운데 하나이다.
58 개마고원이다.

사는 비옷, 영상 촬영을 위한 카메라와 사진 촬영을 위한 카메라를 챙겼습니다. 그리고 야전 안경과 상비약도 들고 다녔습니다. 약 30파운드에 달하는 짐은 들기도 어려웠는데, 비옷 하나로 다 가리기엔 역부족이었습니다. 언덕길을 한 시간 정도 걸어 내려가니 마을의 첫 번째 집이 나왔습니다. 경찰 한 명이 우리를 만나러 나왔습니다. 우리는 잠시 멈춰 섰고, 그는 우리를 경찰서와 학교 건물까지 40분 동안 추운 폭우를 뚫고 안내했습니다.

곧 교실의 난로에서 활활 타오르는 불이 피워지고 저녁 식사로 큰 암탉이 제공되었으며, 우리는 경찰서에서 목욕을 할 수 있었습니다. 조랑말이 곧 도착했고 모두 마른 옷으로 갈아입었습니다. 학교 책상 서른 개, 짐 여덟 개, 외국인 여덟 명, 열 명 이상의 나무꾼과 구경꾼에게 개방된 창문 여섯 개가 있는 방에서 옷을 입는 경험은 특이했습니다. 저희는 따뜻하고 깨끗한 학교 숙소에 감사했습니다. 침구를 말아 짐을 챙길 때 비옷을 침구류 가운데에 넣어두었기 때문에 침구류가 말라 있었습니다.

비가 그친 토요일 아침에 충분히 휴식을 취하고 20분 정도 등반한 후 습지로 들어갔습니다. 축축한 나무 냄새, 가문비나무, 자작나무, 싸리나무, 마가목 모두 모두 어린 시절 미시간의 낙엽송 늪을 생생하게 떠올리게 했습니다.[59] 지금까지 한국에서는 볼 수 없었던 붓꽃, 앵초, 백부자 및 여러 종류의 매발톱꽃도 발견했습니다. 늪에는 아네모네, 은방울꽃, 라일락, 장미 등이 화려하게 피어 있었습니다. 또한 진달래, 칼미아로 보이는 꽃, 그리고 노란색 고광나무도 있었습니다. 수국은 철의 끝무렵이었지만, 원시림과 꽃밭은 수국으로 가득 찼습니다.

---

59 에텔 와고너 언더우드는 미국 미시간주 킹스턴에서 농부의 딸로 태어나 알비온대학을 졸업할 때까지 줄곧 미시간에 살았다.

30분 후 우리는 중국 벌목 캠프를 지나갔습니다. 70피트 길이의 통나무집은 이제 비어 있고 밥솥도 사라졌지만, 바닥 아래 70피트 길이의 연통은 여전히 양호한 상태였고, 사냥꾼들은 여전히 이 건물 안에서 따뜻하게 지내고 있었습니다. 늪지대는 12마일에 걸쳐 거의 연속적으로 이어져 있습니다. 56곳에서 통나무를 벌목하여 길을 내었습니다. 이 통나무는 결이 긴 코듀로이처럼 생겼고, 조랑말들은 통나무 위를 능숙하게 걸어 다녔습니다. 그럼에도 불구하고 많은 사람들이 미끄러져 짐을 실은 채 한꺼번에 진흙탕에 잠겼습니다. 미친 듯이 소리를 지르자 기적적으로 짐을 내리고 조랑말은 몸을 일으켜 다시 가던 길을 계속 갔습니다. 호러스와 도널드는 길을 막고 쓰러져 있는 나무를 78그루나 세었는데, 모두 잘라내서 옆으로 치우거나 돌아가는 새로운 길을 만들어야 했습니다. 이를 위해 도끼를 든 두 남자가 앞장섰습니다.

오후 2시에 우리는 사람들과 말들을 위한 음식을 요리하기 위해 가던 길을 멈췄습니다. 우리는 작은 사당 근처의 열린 숲에서 멈췄습니다. 짐을 내리고 말들에게 밥을 먹인 후, 김이 모락모락 나는 밥을 신전에 바쳤으며, 노인 중 한 명이 습지에서 탈출한 것에 대한 감사의 기도와 "노인과 아기, 약한 여자와 어린아이들에게 여행의 은총을 내려달라"고 기도했습니다. 말을 탄 다른 사람들은 기도가 이어질 때마다 즐겁게 웃었지만, 제단 앞에 밥을 조금 놓을 때까지 아무도 먹지 않았습니다. 여기서부터 세 개의 호수까지는 3마일의 짧은 거리였습니다.

토요일 오후에 우리는 큰 호수의 모래사장에 첫 번째 캠프를 차렸습니다(저는 항상 이 호수를 "평안의 호수"라고 부릅니다). 접이식 카누를 설치하고 이 호수의 조용한 물에서 우리는 백두산의 길고 낮은 능선을 처음 보았습니다. 저희는 5마리에서 9마리의 새끼 오리를 데리고 있는 어미 오리 가족을 따라갔는데, 오리들이 놀라서 빠르게 물 위를 달렸으며, 우리는 도저히 노를 저어서는 따라잡을 수 없었습니다. 날 수 없는 새끼 오리들은 저희가 노를 저을 때마다 물 밑으로 숨었습니다. 어미 오리는 불안한 듯 작은 "꽥꽥" 소리를 내며 새끼 오리들을 한데 모았습니다. 그 사이 저희는 다른 작은 오리들을 관찰하면서 평안의 호수 물 위로 두어 피트만 솟아오른 섬을 탐험했습니다. 습지와 양치류, 이끼와 고사목이 2피트 두께의 카펫을 만들었으며, 우리는 이것을 밟고 섬의 중심까지 걸어갔습니다. 여기서 우리는 호수 바닥에서 가져온 돌로 조심스럽게 만든 약 8피트 높이의 돌무덤을 발견했습니다. 오래되고 이끼에 덮였는데, 무덤인지, 이정표인지, 겨울옷을 위한 보관장소인지 추측할 수 없었습니다. 제 눈에는 제단처럼 보이지는 않았습니다. 남자들은 전면이 열린 텐트를 치고, 밤 추위를 막기 위해 앞에 커다란 불을 피웠습니다. 9개에서 11개의 나무토막으로 밤새 불을 지폈습니다.

월요일 아침에는 새벽 4시에 일어나 6시에 출발했습니다. 다음 캠프장에는 도둑이 자주 출몰하기 때문에 이틀 거리를 하루 만에 이동하기로 결정했습니다. 소총과 권총을 꺼내 장전했습니다. 모두 상당히 가까이 모여 이동하였습니다. 도널드가 소총을 들고 선두에 섰습니다. 모퉁이를 돌 때 그는 짐을 실은 조랑말과 급히 권총을 당기는 세 남자와 마주쳤습니다. 무산을 거쳐 정상에 오른 도쿄 출신 세 청년과의 반가운 만남이었습니다. 우리는 신무지에서 점심을 먹고 33마일의 등산을 마친 후 나무와 물이 있는 마지막 지점인 무타봉에 캠프를 차렸습니다. 그날 밤 사내들은 커다란 장작불이 필요했고 우리는 담요가 필요했습니다. 기온은 화씨 26도까지 떨어졌고 물병에 담긴 물은 코르크 마개를 뚫고 나와 얼음덩어리가 되었습니다. 저녁 안개 속에서 길을 잃고 전날 밖에서 잠을 잤다던 세 명의 도쿄 친구들을 생각하니 걱정스러웠습니다.

화요일 아침 우리는 남자들을 떠나 캠프를 옮기고 빠르게 나무숲을 빠져나와 구불구불한 경사면을 따라 천지까지 올라갔습니다. 우리는 낮은 제단이 있는 작은 바위 덩어리로 만들어진 신사 여러 개를 지나갔습니다. 규칙적으로 쌓인 바위 더미—가이드의 설명에 따르면 만리장성의 연속—를 지나 옛 한국의 경계석[60]에 이르렀습니다. 경계석은 정상에 있어야 했지만 경계석을 세웠던 이 지역의 늙은 지사[61]는 산을 오르기에 너무 지친 차에, "경계석 위의 황량한 경사면이 무슨 소용이람?" 하면서 정상에서 5마일 아래에 게으름의 기념비이자 옛 왕국의 경계를 표시하는 석판을 세우게 된 것입니다.

우리는 천천히 계속 등반했고 곧 마지막 캠프 장소인 샘에 도착했습니다. 사내 아이들은 이곳에서 압록강의 얼음을 모았습니다. 아침 내내 우리는 길고도 낮게 짙은 구름이 별로 인상적이지 않은 높이에 드리워진 것을 보았고, 11시 정각에 천지(天池) 언저리에 이르자 감사와 경이로움으로 목이 메었습니다. 발밑 1,500피트 아래에는 깊고 푸른 호수와 가파른 검은 절벽, 거품이 잔뜩 낀 구름이 거울처럼 비치고 있었습니다. 모두들 기쁨에 들떠 있었습니다. 언더우드 박사는 카메라가 허용하는 만큼 빠르게 사진을 찍은 다음 영상 카메라를 꺼내

---

60 1712년에 설치한 백두산 정계비(定界碑)를 가리킨다.
61 청나라에서 오라총관(烏喇摠管) 목극등(穆克登)을 파견하여 국경을 정하게 하자, 조선에서 박권(朴權)을 접반사로 임명하여 함경감사 이선부(李善溥)와 함께 가서 맞이하도록 하였다. 혜산진에서부터 산간 험지를 10일간이나 강행군을 하여 5월 15일 백두산 천지(天池)가에 이르렀다. 일행은 거기서 내려와 동남쪽으로 4km 지점인 2,200m고지 분수령에 정계비를 세웠다.

핸들을 돌리기 시작했습니다.[62] 호러스와 블록 박사, 그리고 사내아이들은 더 높은 봉우리로 뛰어 올라갔습니다. 마침내 콩으로 만든 샌드위치 세 개를 나누어주었고, 12시쯤에는 바위와 용암 미끄럼틀을 타고 천지로 조심스럽게 내려가기 시작했습니다. 허스트 박사는 바위 길을 따라 바위와 바위 사이를 뛰어넘어 바닥에 닿았고, 나머지 일행은 잔해와 먼지 사이로 조심스럽게 10피트 미끄럼틀을 타고 내려갔습니다. 모두 안전하게 내려와 3/4마일의 구불구불한 평원을 서둘러 건너 마침내 천국의 호수 기슭에 서서 경외감과 침묵에 잠겼습니다. 작은 계곡마다 얼음이 조각조각 쌓여 있었고, 남쪽 만에는 빙산이 떠 있었으며, 빙하(氷河)가 바위 미끄럼틀 위에서 하얗게 빛나고 있었습니다. 사방이 1,700피트 높이의 절벽으로 둘러싸여 있어 거리를 가늠하기 어려웠습니다. 하지만 대형 사고가 발생해 파티의 평화는 깨질 뻔했습니다. 누군가—아니 사실 모든 사람이—필름 배낭을 꼭대기에 두고 온 것이었죠!

호수에서 바위 미끄럼틀까지 이어지는 긴 구간은 돌아갈 때 숨이 턱까지 차오르게 했지만, "구르는 돌에 이끼가 끼지 않는다"[63]는 옛말을 떠올렸습니다. 도널드는 호수에서 천지 언저리까지 55분만에, 그리고 가장 느린 사람은 1시간 30분 만에 안전하게 올라갔습니다. 우리 캠프는 3마일 아래 압록강 샘에 있었습니다. 수요일에 우린 일찍 출발했고, 이번에는 접이식 캔버스 보트를 들었습니다. 구름은 여전히 짙게 끼어 있었고, 분화구 안쪽에서부터 계속 피어 올라오고 있었습니

---

62 남편 호러스 H. 언더우드는 백두산을 등반하면서 카메라로 사진을 찍은 뒤에 16mm 영사기로 촬영하였다. 32분 40초 분량의 이 필름은 당시 14세 소년으로 여행에 동행했던 그의 아들 원일한 박사(미국명은 할아버지와 같은 Horace Grant Underwood)가 1984년 KBS TV에 공개하여 알려졌다.

63 원문은 "a rolling stone gathers no moss."인데 한국의 속담이다.

다. 하지만 이번에도 시야는 맑았습니다. 우리는 한 시간 동안 높은 곳을 탐험하고 서둘러 호수로 내려갔습니다. 11시쯤 보트가 출발했습니다. 일행 중 네 명은 호수 깊이를 재고 사진을 찍으러 나갔습니다. 나머지 일행은 운가리 입구에서 점심을 먹기 위해 북쪽에 있는 왼쪽 기슭을 따라 걸었습니다.

우리는 구불구불한 평원을 따라 한 시간 동안 호수 옆을 걸은 다음 절벽 기슭을 따라 한 시간 더 걸었습니다. 우리는 호수에서 따뜻한 유황 온천에 다다랐습니다. 앞서 다녀간 여행자들이 돌더미로 욕조를 만들어 놓았습니다. 보트에 도착하기 전에 오후 1시가 되었습니다. 다른 순례자 세 명이 먼저 도착했습니다. 세 명의 한국 농부들이 중국 쪽에서 사당을 방문하기 위해 들어왔다고 합니다. 우리는 이곳이 방문할 만한 가치가 있는 곳이라는 것을 알았습니다. 사각형과 팔각형으로 세심하게 만들어지고 순례자들이 복원한 지붕은 반짝이는 하얀 자작나무 껍질로 만들어졌습니다. 바깥 종탑에서는 바람이 불 때마다 15인치 종의 소리가 경쾌하게 울려 퍼졌습니다. 호수가 내려다보이는 납작한 바위 위에는 파치지[64]판, 체스[65]판, 그리고 바둑판이 새겨져 있었습니다.

뚜벅뚜벅 걸어오던 우리는 이제 보트를 타고 집으로 향했습니다. 아침에 기슭 바로 앞의 깊이를 쟀기 때문에 우리는 두 봉우리가 물속에서 만날 만한 지점으로 계속 노를 저어 갔습니다. 우리는 조심스럽게 100피트, 500피트, 1000피트, (카누 바닥이 그리 두껍지 않았습니

---

64 기원전 인도에서 유래하고 영국을 거쳐 20세기 초 미국에서 인기를 끌던 보드게임이다. 백두산에 파치지가 있을 리는 없고, 보드 모양을 봐서는 윷놀이와 비슷하다는 생각이 든다.
65 아마 장기판으로 보인다.

다) 1200피트, 1400피트, 1420피트까지 줄을 내렸습니다. 우리가 가진 줄을 모두 내렸지만, 호수 바닥을 느낄 수 없었습니다. 비가 내리고 바람이 불기 시작했습니다. (얼음물에서 2마일을 헤엄칠 수 있을까요?) 시간도 늦어지고 있었습니다. 우리는 호러스와 도널드가 따뜻한 유황 연못에서 노를 저으며 하얗게 빛나는 모습을 볼 수 있었습니다. 더 이상 로프가 없었는데 바닥에 닿은 것일까요? 우리는 조심스럽게 50 피트 정도 되는 줄을 모아 얼레와 함께 던졌습니다. 줄은 끝없이 아래로 내려갔고 얼레 또한 수면 밑으로 뱅글뱅글 돌면서 잠수했습니다. 1420피트로 측정되었고, 저는 몸을 떨고 대담하게 발을 디뎌가면서 부드럽게 노를 저어 뭍으로 내려왔습니다. 황홀한 느낌은 계속되었습니다.

부드러운 노란 진달래와 보라색 앵초가 바위 미끄럼틀까지 구불구불한 경사면을 카펫처럼 덮었습니다. "암탉과 닭", 백합과 철쭉이 녹는 눈 아래 흐드러지게 피었습니다. 바위떡풀과 이끼는 모든 틈새를 비집고 자랐습니다. 심지어 푸른 매발톱꽃, 에델바이스, 더블 데이지[66]도 화산 유리 주변과 잿더미에 피어 있었습니다. 우리는 이 꽃들을 모두 채집해 집으로 가져갔습니다. 봉우리로 올라간 후 우리는 다시 루핀, 사랑스러운 노란 진달래, 양귀비, 모나르다, 다양한 종류의 박하밭을 즐겼습니다. 해질녘에 우리는 다시 존의 딱새 둥지를 맞이했고 새끼들이 더 이상 자라지 않은 것에 놀랐습니다!

무타봉에서 다시 잠을 자고 목요일에는 33마일을 달려 평안의 호수로 향했습니다. 미나리, 노란 말미잘, 푸른 용담에 다시 한번 감탄했습니다. 저녁 식사로 야생 양파를 캐고 정원을 위해 더 많은 뿌리식물을

---

66 꽃 모양을 보면, 아마 민들레가 아닐까 생각한다.

캤습니다. 금요일에는 일행 중 몇 명이 호수에서 물을 마시는 사슴을 보았습니다. 우리 모두는 붓꽃, 복주머니란과 다양한 난초, 라일락과 장미를 보며 즐거워했습니다. 정오에 우리는 다시 집들을 보았고, 밤에는 번성하는 마을 밖에서 캠프를 차렸습니다. 블록 박사와 저는 이 마지막 밤에 남자들에게 팬케이크를 대접했습니다. 이곳은 모기가 심해 10시에 텐트에 들어가기도 전에 우리 둘 다 모기에 많이 물렸습니다. 토요일에는 좋은 도로를 따라 18마일을 걸어서 자동차를 타고 혜산진까지 12마일을 달렸습니다. 블록 박사와 저는 하루 종일 분홍 바늘꽃, 초롱꽃, 야생딸기와 산딸기, 그리고 라일락, 자주종덩굴, 말발도리, 수국과 쥐손이풀을 더 캐냈습니다. 우리 중 아무도 몰랐던 수백 종의 꽃과 우리가 보지 못한 꽃도 많았습니다. 하지만 지금은 제 정원에서 몇 종이 자라고 있습니다. 언젠가 다시 갈 것입니다. 길고 하얀 산, 푸른 호수, 습지, 꽃들, 아기 오리들, 이 모든 것이 다시 저를 부르고 있습니다.

원문

Horace G. Underwood's letters with New York University

10th Mar. 1906

Memorandum From the Secretary's Office

Mr. Underwood's letter
given to Mr. Hulbert
10 March, 1906

Date

31st Mar. 1915

The Rev. Horace Grant Underwood,

Seoul, Korea.

Dear Dr. Underwood,

I am extremely glad to have the copy of your book on <u>Conversational Korea</u> which has just reached me this morning. It is not only of much interest in itself, but it calls up pleasant recollections of yourself, and also of your son, who was a member of our Senior class when I first came to New York University. I certainly trust that all is going well with you and all of the members of your family in the great and difficult work which you are doing. You have certainly gone through some trying times since we saw you in New York, and I hope that they may turn out for the ultimate good of your work.

I have not seen your brother since he returned from his European trip last summer although I have heard from him once or twice in the meantime. I hope to meet him again e'er long.

We are having an extremely interesting year in New York University and I believe very substantial progress is making. Our numbers are increasing at a fearful rate. The latest enumeration gives us upwards of 6500 students, of whom nearly seven hundred are in the two colleges at University Heights. One interesting feature in the development of the work at the Heights is the fact that we now have one chaplain for our morning exercises throughout the year, the Rev. A. H. Limouze, a graduate of the College class of 1907. He is gaining a strong hold upon the student body and was made regular chaplain at their special request.

with warm remembrance,

[illegible]

7th May. 1915

H. G. UNDERWOOD

Seoul, Korea.

Chancellor Elmer Brown

New York.

My dear Chancellor,

I was very glad indeed to get your letter of the other day and strange to say on the day it came, I was just saying that I wanted to write you and get a little aid and help from you. I was very glad to get your kind note and the kind words that were in it were quite a help.

My son and I had worked quite hard on that Grammar and I was quite proud of the fact that in the revising of the same I could have his help. He has done remarkably well in the Korean language. He had of course a little knowledge of the language before he ever came out here but it was only a knowledge that a boy picks up and that is all. He has never had Korean spoken very much around him having been more with foreigners than others so it was a great joy to us to find the speed with which he picked up the language. Not only that but at the end of his first year he passed the entire three years examination. He has been a great help and has been hard at work in school and in the industrial department of one of the schools and is now helping me in the College work.

You will be glad to know that we opened our regular College work in Seoul on April 12th. It will seem rather a strange time of year to you, to open up, but the Japanese year begins on the first of April and ends on the 31st of March. This is their fiscal year and their school year as that is the school and college year through-out the Empire we naturally make ours coincide with theirs. Under these circumstances we made all our plans and opened our work on April 12th. In that connection I should say that the Committee. finding that there wasn't anybody else just then to fit the job asked me to be the Provisional President and I have accepted the position.

Now in that connection I am writing to ask you if you will be so kind as to send me out the latest catologue of the University and curriculum that outlines quite clearly The courses of teaching as they are taught at the University. Of course in the University you have four years and the Japanese only have three years and we will have to make that allowance in the dividing up of the courses. It is absolutely essential here that we should have our courses carefully outlined so that we can know what is being done. The statement that a number of hours work is to be done will not do here but we must have a certain amount of ground to be covered. Now in this connection I should very much like indeed to have the latest statement of courses as laid out by the New York University.

You will also be able to tell me what institutions in America are laying out courses most thoroughly and carefully and also I should be very glad indeed to have any suggestions as to the courses here. Of course we will have to have a course in Japanese Literature and than there will have to be a separate school of English Literature and then there will be the department naturally in Philosophy and Physics and then the Scientific school.

We will naturally have to make our plans coincide as near as possible with the plans of the Imperial University of Tokyo. There is no reason, because we come from America where we have been in a habit of having

Grammar and High Schools have a certain number of years and then four years College and three years Professional Course, to feel that we have to have the same here. The Japanese school in Tokyo, the Goto Gakho comes nearest to our College but it has only three years. The first two years are general and the last year is specially arranged with a view the the Professional Course they are to take. This comme on the top of the Middle School sometimes called High School. It is a little difficult to make these courses coincide with our home course and the Meiji Gakuin, Middle School claims that its last two years correspond with our first two years of College. This is developed in the fact that the College course of the Meiji Gakuin will take the first two years of College and one year more. That is a matter for careful investigation. After the College course is through they take a professional course. There is however in Japan a very common way of going direct from the Middle School to the Professional school and taking three years there. That is where the confusion has arisen thus far.

Just exactly what course we will pursue I do not quite know but what I want is that we should give our three years and give a special year afterwards for those who care to take it and that those who take up a professional course will have their degree given them when they present a paper saying that they have passed the first year of professional work.

If I could kindly have your suggestions and any hints that you may give for the further developement of our work I should be very much obliged especially with the catologue which will be a great help.

With kindest regards to Mrs Brown and yourself from us all,

Yours most sincerely.

HG Underwood

H.G.U D. I. H.

THIS LETTER WAS
DICTATED TO
THE DICTAPHONE

2nd Jul. 1915

Dr. Horace Grant Underwood,

Seoul, Korea.

Dear Dr. Underwood,

I have been deeply interested in your letter of May seventh. About the same time that it came, I had a letter from Beirut and another from Nankin, and was entertaining an academic visitor from Calcutta. All of which goes to show what intimate and interesting relations this University has with the world at large. Soon after your letter came, I was called into consultation with Dr. Arthur J. Brown and other representatives of the missionary societies who were deeply concerned with the letter which Dr. Brown had received from Korea with reference to the decree excluding religious teaching from the general schools of Korea after the year 19[illegible]5. I am going to get from Dr. Brown so much of the correspondence on this subject as has not already been sent to you and can be sent, and will send it along with this letter of mine. What you tell me about the opening of the College at Seoul and of your own function as its President, as well as the word of the good progress which your son is making. [illegible] is all of it received here with deep interest. It has occurred to me that you might find something of value in the publications of the only important college that I know of in this country having a course of study limited to three years, namely, Clark College, conducted under close affiliation with Chicago University, at Worcester, Massachusetts. I have accordingly sent to Worcester for publications relating to the College and forwarding them to you herewith under another cover. With this, I am sending some recent publications of New York University, in which I hope you will find some things of interest. This parcel contains a copy of the Catalogue of the University for 1914-15. I have given directions to have sent to you, as soon as they shall appear, the bulletins of our University College and our Washington Square College, for the year 1915-16. I shall be glad if these publications may be of any help to you. If you should come across any special need of information or assistance which I can supply, I hope you will call upon me freely.

So far as conditions in this country are concerned, I am increasingly of the opinion that a rather decided difference may well be made between the work of the first two years of the college course and the remaining work of the course. I should be glad to see our students who have completed the Sophomore year begin to interest themselves, in some rather definite and positive way. in their preparation for an occupation in life. I think there is for most students danger of something like dilettantism, I use that word for only want of a better, when they have reached the age of twenty-one they still continue to pursue studies of a very general character, that is studies no one of which points seriously to some life occupation. I am well aware that this doctrine is sounding brass to many of our educational leaders, and the only reason I agree to it is that I am more and more convinced that it is right. But I have so little knowledge of the Korean situation that I cannot tell whether this heresy of mine would have any bearing on your situation or not.

You must know that both you and your son are held in very warm regard in New York University, and your successes.

[illegible_Sentence]

[Unsigned]

26th Aug. 1915

H. G. UNDERWOOD,

Seoul, Korea.

Sorai Beach, Korea,

Chancellor Elmer Brown,

New York University,

University Heights,

New York City.

My dear Dr. Brown

While I have not time to answer your kind letter of recent date I enclose herewith a letter I have just written to Dr. Brown in regard to separation of religion and education in Korea.

Yours most sincerely,

HG Underwood

HGU-ABC.

26th Aug. 1915

Dr. A. J. Brown,
Board of Foreign Missions,
156 Fifth Avenue,
New York City.

My dear Dr. Brown

I am down here at Sorai Beach to a summer resort that we have been trying to fix up so as to make it possible for the missionaries who are out here to maintain their health and at the same time to be able to do a good amount of work. I have some down here now with Dr. Reynolds of the Southern Presbyterian Mission who will be engaged with me in carrying on Bible revision work during the two months of the summer. We have been able to build a nice cottage high up on the bluff where we have cool breezes and the most delightfully pure air.

At the present time there are quite a company here, in all over 100 counting women and children, and all are enjoying it very much indeed. The thermometer in the shade has been registering[?] now for some days past 63, 68 and 70, so you can realize how cool we are for this climate and what a boon a place like this is to people who are out here in the Far East.

Your letter of June 7th has just come to hand and I has ten to drop you a line concerning the real state of affairs out here. Let me first call your attention to the law as it exists. The empire of Japan several years ago decided that education must be separated from religion, that has been the policy of the Government. However in the mainland in Japan proper they did allow schools that did not care to be called schools to carry on their work with the same curriculum and to be called Institutes or Gakkuin. They were not allowed to call themselves Gakko or schools but were allowed to use the term Gakkuin, and therefore we did not have a native Gakko as the other schools were called but a native Gakkuin. With this understanding things have been going on for some years and you know exactly what the result has been. Now after these years the Meiji Gakkuin is allowed to carry as I understand it, the Meiji Gakko.

In Korea they did not make any such provision they provided for one of these schools of an intermediate nature. We many have schools for the training of ministers, such as Bible Institutes, Bible Schools, Theological Seminaries, but when it comes to the general education, from the common school up, the Government decides that it must be separated as an education, from the teaching of religion. Now in the first place that is the wording of the law. This does not mean so we are informed that the authorities of the school shall be debarred from having Bible teaching going on, but the Bible teaching must be out of school hours and voluntary, nobody must be compelled to attend the Bible classes. This does not debar the having of religious services every day just so long as those religious services are not ut down as part of the curriculum. Now in that connection we can have the school hour start in the morning at seven run on till nine, adjourn the school from nine until half past nine or a quarter of ten, and the school hour again commence at nine forty-five as the case might be and go on to the afternoon, and we can put the chapel hour in that nine to nine forty-five, and nothing will be said about it. It must not <u>appear</u> in the curriculum as the religious exercises of the school. Now I am not standing up for any such law, but simply stating the case as it is. The students are allowed to be gathered into Bible classes as many as may be desired, but the teaching of religion as such is not allowed as part of the curriculum.

The provision with the new law is to be put into effect at once. All new schools will come under the new law, while old schools will be given a period of ten years in which to adapt themselves to the new law.

Now in connection with the college in Seoul in the second place I just want to call your attention to the fact that we have not started as a new school as yet, just exactly what will be done I do not know. But it the present time we are running under the charter of the John D. Wells school, and this charter of the John D. Wells school leaves the school as it were, with the religious privileges just as they were and we expect to carry over to the new school when the new charter is conferred the privileges inherent in the old charter. This would give us ten years in which to make a change. In this very connection I would say that I called on a number of the officials who govern here, and we discussed the situation quite freely and quite fully. I called on a number of the Christians who are here and without a single exception they think that the law is too severe, is too strict, and cannot be in its entirety upheld. That is what the Christians say throughout. Then I talked over the matter with a number of others and of course the Government rules and regulations must be and shall be obeyed, but almost in the same breath they point out to us the fact that it does not debar us from having classes for Bible teaching and religious instruction, that this does not debar us from having religious services at another hour or at some time outside of the curriculum of the school.

Now under these circumstances it shows a willingness on their part to allow things to go on as they are going on. Just recently the Government school Inspector came down to see the College. Now a certain college class we are teaching ethics from the Christian standpoint and under the head of Ethics at the present time we are taking up the various Christian Ethics as given in the Bible, and the Bible is used very largely as it were as a next-book, under these circumstances with the four grades of students, we have, we have Ethics A, Ethics D, and those who are not up to the full requirements of college students, Ethics one and Ethics Four, during the first term for the Freshmen and Sophomores. The Inspector when he came down to that point asked what is meant by Ethics A and D and one and four and he said, "Is this teaching religion?" I explained to him that this was Ethics from the Christian standpoint. He again insisted and said "Is this teaching religion as a religion?" The Japanese interpreter who had been in America turned around at once and said in English, "I think you have not quite understood exactly what was meant. What in meant is that in the classes here religion is not taught as a religion it is taught as a science, and under these circumstances the Government was willing[?] to let the thing go on as it was." Now I think that this explains at the present time the position in which we are. I talked over the matter with one of the high officials and his name must not be mentioned. He volunteered the statement that if anybody in Japan to say nothing of Korea except possibly the immediate maker of the law would acknowledge that the law was too strict. He went on to add that it was a scheme of the Governor General's that this should be put into force and that while the present Governor General was here we must expect that the law would be enforced as far as it was concerned.

But he added that we must not forget that there was a ten years limit, and that before the ten years were up possibly within a few years somebody else would be holding this position, and without the shadow of a count, anyone else coming and holding the position would change the law and make it milder.

He then went on to way that as the John D. Wells school had the old privileges inherent in its charter and had its charter for college work, he felt quite sure that the privileges inherent in the old charter could be made to extend to the new charter when we received the same. This is the status of affairs as far as the law is concerned. Now the attitude to be taken I think will have to be considered.

In the first place I think we will have to note the fact that if we had made the law it would not have been the same. We are not the lawmakers, we are here simply under the law to make the best of the situation as it is.

In the second place, I think we must acknowledge that we cannot leave the entire education that is to be done for all Korea in the hands of those who are non christians. If we want to we can do this but I think we would not be true to our trust if we did so. I would rather have students that have been trained, even without any religious training as such, by men who are honest Christian men teaching the sciences, history, and philosophy, and all that comes to make up an education; men who are living the Christ life, than by men who are absolutely non-Christian and many of them anti-Christian.

When it comes down to the final analysis the effect that is to be had upon the students is not going to be so much the actual words used in the class room by the teacher as the life that the teacher leads. There will come to be the real result of our educational system here. If we are any good, and I certainly hope and pray we may be, but I say if we are any good as teachers, it will only be as we exemplify the life of Christ in our actions more than in our words.

Even if we were to teach the Bible, if our actions did not accord with our teaching our teaching would not be of much use. So that while we deplore the fact that we are not allowed to have the direct teaching going on in the school, at the same time there is one point that the Government cannot stop, and that is it cannot stop the Christian teacher living the Chriet life before the students. And I should not be surprised that this very change in law that has been brought about has been allowed to come into existence by God that we may realize more fully than we have ever realized before the necessity of our exemplifying Christianity by our lives rather than by our words.

The promulgation of these laws has been somewhat delayed, but we knew they were coming. The leaders in Christian education in Japan are united in their efforts to bring about as speedily as possible such a modification as shall enable us to carry on the work more freely. The tendency in Japan is everywhere towards a greater liberality to Christianity and while circumstances in Korea have as yet hindered us from getting the full advantage of this tendency, we are definitely assured that we will receive the full benefit in due time. The very fact that the Governor General has announced to us, that he favors a Christian College[?], and that despite opposition they are going to provide us with the land for the same , proves most clearly that their attitude is not all anti. Certainly the position of the church in Korea demands that with such a definite separation there shall be at least one strong Union Christian College at the head of our system, and in due time we will receive the liberal treatment that is bound to come throughout the entire Empire of Japan.

I asked Judge Watanabe what we had better do under the circumstances. I asked whether we had better refrain from starting new schools. He at once said, "By no means". Within a few years the laws will be changed and in addition to that think of the good that you can do in the meantime. After my arrival in Seoul I will write you further on this subject. Yours most sincerely,

HG Underwood

HGU-ABC.

29th Sept. 1915

H. G. UNDERWOOD,

Seoul, Korea.

Chancellor Elmer Brown,

New York University,

University Heights,

New York City,

My dear Dr. Brown

I am sending you herewith a copy of a letter that I have sent to Dr. North. Because its contents will interest you.

In haste,

Yours Sincerely,

HG Underwood

HGU-VDC.

29th Sept. 1915

H. G. UNDERWOOD,

Seoul, Korea.

Rev. Dr. North,

Chairman of the Joint Committee

for work in Korea,

c/o Methodist Board of Foreign Missions,

150 Fifth Avenue,

New York City.

My dear Dr. North,

Dr. Speer has just been here and we have gone quite thoroughly into conditions and into affairs as they are here in connection with the College and I feel that it is due you that I should send you a note concerning the results as far as they appear to me. Dr. Speer will be home in a little while and will report of, course, fully as to his own impression concerning the work here but the conferences that we have had from time to time with the Government officials here have tended rather to clear away mistakes and to make us understand the situation more thoroughly than we had at first and it is due you that you should have as full information as possible and so without waiting for Dr. Speer to arrive I am sending you a note.

In the first place, there have been two sets of Rules and Regulations that have been issued lately. The last set gave us considerable concern and were those in regard to the propagation of religion in the Far East and as we read them at first they seemed to affect us very seriously indeed and we had considerable fears in regard to them. However, on going over them very carefully, our fears were somewhat removed when Judge Watanabe told us that the rules as issued here were identical with the rules that had been in force for Japanese who were working among Japanese in Korea for the past eight or nine years and the rules as passed at that time differed only from those in Japan in two particulars, Section 4 and Section 6. On enquiry for the reason for this difference it was discovered that the Government of Korea had provided that each church should have an official representative who should ast, as it were as a "go between" between his church or society and the Government and such provision not having been made in Japan proper it became necessary that Articles 4 and 6 which solely concerned officials of this class, should be added to the rules as existing in Japan. We had a very pleasant talk with Mr. Usami in regard to the matter and it soon developed that these rules were not meant in any way to hinder the progress of Christianity but were simply the rules that came naturally from the efforts of the Japanese to have things done in accordance with the rules and customs of Japan proper.

The rules and regulations in regard to education seem to us to be much more strict and to concern us very much more. However, Dr. Brown's letter which was addressed to Mr. Komatsu seems to have created an impression that was not of the best. Mr. Komatsu in talking over the matter with me said that he was so sorry that Dr. Brown had entirely misunderstood his position. He did not in writing the letter, he said, intend for a moment to say that the Government of Korea has issued the law because foreign countries had issued similar laws but in talking over the matter he simply spoke of what foreign countries had done as possibly showing that Korea was not so far different from other lands. But the point at which they were aiming was simply and solely that there should be one uniform system of education for Korea, whether the schools were private or whether they were public and that as far as the existing actual curriculum of the school was concerned that it should be in harmony with those of other schools. That is to say that the curricula should be the same in all schools regardless of whether they were public or private and this being the requirement, this being, as they said, absolutely necessary for the school, religion could not be allowed to be incorporated as <u>part of the curriculum</u>. If you will read the law as it stands that no religion shall be taught "<u>in the curriculum</u>." This is very plain indeed, and they lay great stress on the fact that those words were in, meaning that religion can be taught if it is <u>outside of the curriculum</u>. Now that clears away things in a very good way for us and we see that there is a method of getting to work.

In the course of a conversation the other day, when we were talking about whether this religious instruction could be given on the same property or in the same building while it was granted that it might be better if it were in a different building or on different grounds, it was also stated that they were not so particular as to <u>where</u> and <u>when</u> this religious instruction was given but the WAY in which it was given was the question that concerned them. If it was an "<u>optional</u>" it might be an extra study that was optional but could not be put in as part of the regular curriculum. In addition to this chapel exercises in connection with the school might be held but they <u>must not be compulsory</u>. They were very plain on this and very decided and at the present time I do not think that there can be any actual change made in the law. I have talked over the matter with a large number of the officials here and there seems to be a general willingness to interpret the law leniently although they are insisting that they do not want to repeat in Korea what has been done in Japan, where they have certain schools that are called regular schools such as "middle schools" and "common schools" and certain other schools that are called "school of a middle school grade" and "of a common school grade". They say that it is an anomaly to have a common school and alongside of it possibly a school that can only be called "a school of common school grade" and that this anomaly is not to be repeated here. There must be uniformity and this is what they are insisting upon. They avow themselves that they are not opposed to the teaching of religion because if they were opposed to the teaching of religion they would not allow the existence of Christian schools as carried on by Christian communities. The very fact that they are allowing churches to organize and carry on schools shows that they are not opposed to the teaching of religion. In addition to this our own charter for a college has been accepted as correct by the Government and in this it speaks of the Institution as a Christian Institution, all its officers must be Christian, the Board of Managers must be Christian and every teacher must be a member of an evangelical church. Under these circumstances I think we can rest assured that if we push on the work carefully there will be no difficulty about the Institution being an out and out Christian Institution from beginning to end.

You will doubtless have heard that our Mission in Korea is not yet in harmony with the Joint Committee and its Board in regard to the matter of this college and the action that they took was asking our Board of Foreign Missions to provide for the carrying on of the college outside of the regular Mission enterprises.

Thanks to the kind assistance of Bishop Harris and Mr. F. Heron Smith of your Mission, we have been able to have the fullest and frankest understanding with the Japanese authorities here and up to the present time most cordial relations are existing. These have not been wanting those who have tried to use the issuance of these new laws as a means of stopping the college in its work. At the present time we are and have been working under the charter of the J. D. Wells' School, which has in its premit the right to carry on college work. This was because we were unable to conform entirely to the laws concerning charters, permits, etc/, within the prescribed time and with the consent of the Government authorities we have been carrying on our college under the charter of our J. D. Wells' School. This is an old Institution and would not necessarily come under the law and we were having our regular chapel exercises and Bible courses to such an extent that we supposed we would be considered one of the old Institutions and in talking the matter over with Judge Watanabe he said he thought that the privileges existing in the permit that we have already, would be extended to the new charter when we changed over to our own charter for the Chosen Christian College. It was, therefore, quite a surprise for me when I learned that Messrs. Usami and Sekiya, who have been fully conversant with all that we are doing, alledged that they considered that we were a conforming school. Our school is out and out Christian. It is an active force in city Christian evangelization. Its Bible teaching is carried on at the present time and its chapel exercises are held in the same building on the same grounds and if an Institution of this kind is considered a conforming Institution our fear concerning the new law have been largely groundless. Thus far the applicants for admission as students have been confined almost entirely to Christians, though we have had intimations that several non-Christians were desirous of entering as students. It is our expectation to so control the number of non-Christians that are admitted that the general spirit of the Institution shall be dominantly Christian to such an extent that it will almost insure that anybody who enters the Institution as a student will before long be so moved by the spirit of the college that he too will be almost compelled to become a Christian. I think you will understand what I say here without any thought that this might be infringing upon freedom of conscience.

General progress is being made in regard to the registration of the Board of Managers. Judge Watanabe has taken considerable interest in the drawing up of our document of incorporation and the same has been presented to the department for their approval. Revently Mr. Sekiya said that there were several places that were not very felicitus but he would let us know what these were and they could be corrected, that on the whole it was very good. At the time in talking over it he referred to the fact that it was alright because it was almost an exact copy of the charter of the Meiji Gakuin of Tokyo. It is interesting to know that Judge Watanabe was one of the incorporators of the Meiji Gakuin and this would account naturally for the similarity between the two. It was a great thing for us when we were able to secure the services of Judge Watanabe as a member of our Board of Managers, not only because of the good services he could render but because of the confidence that the Government of Chosen showed at once in what we were trying to do.

The matter of the purchase of the site is progressing slowly owing to the fact that there have not been wanting those who have been trying to hinder us in securing the same. The difficulties, however, have been gradually overcome and personally I have absolutely no doubt in regard to the final outcome, because of the cordiality that the Governor General himself has shown towards our Institution and the promise that he made that we should have all the land that we wanted. The Governor General has told us that we shall have the land and step by step as others have hindered the negotiations or tried to hinder them His Excellency has helped us against the would be hinderers. Having first suggested that we should have this piece of property when it met with our approval, having given his consent to the obtaining of the WHOLE, having added to this, on our request, permission to purchase the surrounding treasury land, as much as we needed, I am convinced that although these negotiations take time the final outcome is assured.

Our student body remained, as we wanted it to remain, a little over sixty. They are progressing nicely in their studies, although we are somewhat short in our faculty this term. We have had to keep the numbers down smaller than we like because of cramped quarters but that will be no harm for the Institution at the present time. There are numbers who are waiting for an opportunity to get in. In regard to faculty, we are delighted to hear that the Methodist Episcopal Board is sending out Dr. Rufus, who will add great strength to our faculty. The absence, during this term, of Rev. E. H. Miller, of the Presbyterian (North) Board, leaves us somewhat short handed and had it not been that my son consented to postpone his return home for a year I do not know just what we should have done. The Methodist Church (South) has not yet been able to send us anyone this term. We are asking if they will appoint Mr. Wasson, of Songdo, to this work. I am going down to their conference tomorrow to speak to them in regard to this and if a decision whall have been arrived at before this letter leaves I will send you a postscript as to the result of my interview.

As to what will be the attitude of the Presbyterian Mission (South) I do not well know. The action of the Presbyterian Mission (North) here was taken very largely because they believed that if they consented to the Mission, as a Mission, entering the Union Institution here the Presbyterian Mission (South) in Korea would throw in its efforts with this Institution and if this should be done it would mean that the force would be too small for the carrying on also of work in Pyeng Yang. The suggestion of the Presbyterian Mission (South) was very largely that the Pyeng Yang Institution must be maintained and that it could only be maintained by its having no Institution in Seoul. Therefore, there must be no Institution in Seoul. The Australian Mission has, as you know, asserted that they expect to go in with the Institution in Pyeng Yang. The majority of the Canadian Mission have approved of the Institution in Seoul but thus far the only Missions cooperating are the two Methodist Missions and the Presbyterian (North) Board. If the other Missions are going to unite it will help very materially indeed in the manning of the Institution if we can secure their assistance at as early a date as possible. We have able assistance given to us in teaching by native graduates of American and Japanese Institutions, who make extremely acceptable teachers to the Koreans. In addition to this, Dr. Ralph Mills, of the Severance Medical College, has general oversight of our department of biology and we have been fortunate in securing the services of Prof. Takai, of Tokyo, Japan, a graduate of the Imperial University, who has made a specialty of history and has been for a number of years teaching in Christian Schools. We were very fortunate in securing this man, who has been very active in Christian work in Japan proper and came to Korea with the missionary spirit. He has already won a place in the hearts of the students and his position, intellectual and social, with the authorities here is going to be of no little help to us in our work. At the present time, while the Institute is small, he is taking charge of two departments, that of history, which will in all probability be permanently under his care, and that of Japanese language and literature, for which position we hope to secure a specialist in the near future. We have also secured from Japan proper, as instructor in agriculture, a young graduate of the Imperial University of Sendai who will lay out and plan the agricultural work of the Institution. The work of preparing a topographic map of the land is going on slowly but it has been taken in hand by the surveying department of the college and we hope soon to have it in shape so as to send copies to you, as well as others. Even the matter of the development of buildings I think it would be wise for us to go a little slowly. My thought would be that we should put up something that would be suitable for the beginning of our Industrial department, where carpentry and brick making would be taken in hand as well as agricultural work. It is absolutely essential that in an Institution in this land the industrial side should be made prominent and in doing this we are working in harmony with the Government- General. We have been fortunate in securing a tract of land on which is found excellent soil for clay for the making of bricks, as well as out-croppings of granite that bid fair to give us the stone that can be used in building. We have in mind, therefore, that the students should be trained to make the bricks, to cut the wood and form the door frames, etc., to cut the stone and trim it and that thus the main buildings of this Institution shall be to no small extent the product of the efforts of the students that are trained the rein. This suggestion met with the hearty approval of the department here and if we can put up the Industrial building down near the field where is found the clay we can temporarily carry on our classes and house our students while at the same time the main buildings and class rooms are being prepared. But even this should hardly be done yet, at least, not until some general lay out has been made of the property.

Agriculture will, of course, always have a great place in Korea and the Government is quite desirous that it shall have a prominent place in education in this land and it will be necessary that we have sufficient land on which to push forward this side of the work.

Trusting that the plan, as thus far outlined, will meet with your approval,

Yours most sincerely,

HGU-WT.

29th Dec. 1915

Dr. Horace Grant Underwood,

Seoul, Korea.

My dear Dr. Underwood

I have been deeply interested in the letters you have been good enough to send me, even though I have been so fearfully slow in acknowledging them; and just now---no, a day or two before Christmas---we have the very kind Christmas greetings from the Underwood family in Seoul to the Brown family at University Heights. I am just leaving for Washington, and mean to give personal attention there to the question of government publications in Education which can be sent to you free of cost. I am sure that a nice bunch of them can be made up. The Bureau of Education is putting out some very useful bulletins in these days, and I am confident that some of them will go to the spot with you in your very important as well as difficult work in Korea.

Mrs. Brown wishes to join me in warm greetings of the season and good wishes for the New Year. I trust I may continue to hear from you from time to time, in spite of the fact that I have been apparently negligent in forwarding a reply. For the fact is, we are deeply interested in your work over there, partly because, as a work done by sons of New York University it is in the sense work of this University, and still more because on general principles we are impressed with the significance of what you are doing.

Very sincerely yours,

Dictated by Dr. Brown

and signed in his absence.

3rd Apr. 1916

H. G. UNDERWOOD,

Seoul, Korea.

Dr. Elmer E. Brown,

Chancellor, New York University,

Washington Square, New York, N.Y., U.S.A.

My dear Dr. Brown

I want to thank you for your kind letter of December the 29th and also for the books and pamphlets which the Bureau of Education has been sending me and which have been perused with much interest. These will all of them be of great value to us and in the building up of an institution here the more we can know of what is being done elsewhere the better will be the institution that we can build up.

I am just writing now to acquaint you with the fact that owing to ill health the doctors have ordered a change for me and I shall be starting for America on the steamer that leaves Yokohama on April the 14th. I shall go straight to the Battle Creek Sanitarium and see what can be done. I am writing more especially to let you know that owing to the exigencies of the work, brought about by this enforced early leaving on my part, my son will, in all probability again postpone his starting for America for his post graduate work. He and I have hoped much that he would have been able to have been at the University from last year working for his doctorate. He gave it up then because of the demand of the work here and I was very much pleased with the willingness with which he surrendered to his own desires for the sake of the work. Now when he finds out that his Father's health is demanding that he stay here for a while he voluntarily proposes that he will stay and see what can be done to straighten things out and hold up this end of the line while his Father is in America. This delays so much the longer his permanent settlement in life as to what his work will be, but it seems almost as though it is the wisest thing to do and I have expressed to him my willingness to let him do this for the sake of the work. As we had expected that he would have been home engaged in his studies with you this coming Fall I thought I would write and explain why the delay occurs again.

The work of the college is coming along very nicely and the difficulties that seemed to present themselves so strongly concerning the Government and their separation of education and religion and restrictions of this kind, seem to have practically passed away and I feel now that we read into the laws a good many things that were not there, and when it came down to a definite understanding with the Government they were far more willing for us to have a liberal interpretation of their laws than we had expected. I anticipate no difficulty in securing from them the freest kind of an interpretation and we are looking forward to many years of useful work in a strong Christian College here in this city.

We shall look forward to seeing you of course when we are in New York, but at the present time we cannot tell just when this will be.

With kindest regards to Mrs. Brown from us both,

Yours most sincerely,

HG Underwood

Horace G. Underwood's Letters with Rutgers College

23rd Oct. 1915

H. G. UNDERWOOD,

Seoul, Korea.

Dr. W. S. D. Demarest,

Rutgers College,

New Brunswick, N. J.,

U. S. A.

My dear Dr. Demarest

I want to thank you for your kind letter of September 22nd, and for your kindness in referring mine of August 26th, to Professor Parmelee, who has already written to me and to whom I have written thanking him. I would be very glad indeed if you would kindly send me the catalogues of Rutgers College. We are at the present time here in Korea working out our educational system and trying to plan as to what we shall do concerning the college work out here in the far, far east. The Japanese Government in their work have developed a system whereby side by side they had what they called higher schools/. These schools were above the middle schools. The middle school corresponds somewhat to our high school. Then in their college course they had higher schools/, and after they were through their higher schools they were able to enter their professional schools and then take post-graduate work.

The higher school had a three year course and after that it was post-graduate. At the same time, their was an opportunity for anyone direct from the high school to enter one or other of the professional schools and here came in one difficulty. Of course, in this connection the difference of three years and four years which is between our system and theirs was very plain but naturally out here in the east we are not here to put our American systems in vogue, we are here simply to do the best we can and our system will naturally have to harmonize with theirs. The only point now about the harmonizing is that the Japanese themselves are now proposing the introduction of a four years culture course or regular college course. In the same way we find one other difficulty and that is that the Koreans themselves, and now I am speaking of the Koreans as distinct from the Japanese, have not done very much along the line of development of industry and this must be developed and our Government here is very insistent upon this so that we have to develop industrial work at the same time and I am under the impression that despite the fact that the Koreans, I think, would be ready to go right on with the cultural and higher literary courses, it is absolutely essential that the industry shall be taught so that we shall have to have a species of Booker T. Washington college.

Anything that you can do to help us out in this line or anything that you can do to help me in the new duties that have been hoisted upon me will be very welcome indeed. I have been chosen, in connection with the provisional organization, as provisional president of the college and university here and I am trying to plan out the courses and the work. I feel my own inefficiency for it but am trying to do the best and am writing to one and another to secure what assistance I can in this work. Of course, this is only temporary. Our work out here in the far east is only temporary and as soon as we can find people from the Orient out here who are prepared to take over the work it will be given to those. Our work out here is simply to train up men who are to carry out the work that we have in hand so that in the course of comparatively few years, and the sooner the better, I expect that this work will be shifted over either on to the shoulders of a prominent Japanese or a prominent well-fitted Korean. This, however, is something about which we are not talking very much at the present time.

Thanking you very much for your offer of cooperation,

Yours most sincerely

HG Underwood

HGU-WT.

19th, Nov. 1915

Rev. Dr. Horace G. Underwood,

Seoul, Korea.

Dear Dr. Underwood

It is very pleasant to have your letter of October 23rd. and to be assured that professor Parmelee has communicated with you. The college office is sending you a catalogue of Rutgers College and will perhaps enclose also some other publications. I am greatly interested in your word concerning the lines of educational organizing in Korea and I shall be very glad indeed to cooperate by word of information or advice as may be possible. I do not know just at this moment from the trend of your letter just what I might

say for your assistance. If you have any specific questions to ask I shall be very glad indeed to hear from you and to answer them to the very best of my ability.

With best regards and will all good wishes for your work.

Faithfully yours,

[Unsigned]

Horace H. Underwood's Letters with New York University

19th Nov. 1919

Seoul, Korea

Dear Dr. Brown

I am sending under separate cover 5 copies of the Report of Seoul Station for 1919.

Please give them to any who you think would be interested in the contents.

Hoping that you and any other who see this Reports may find them interesting.

I Am yours sincerely,

Horace H Underwood

27th Dec. 1919

Mr. Horace G. Underwood,
Seoul, Korea.

My dear Mr. Underwood

I am extremely glad to have the copies which you kindly sent me of the report of the Seoul Station for 1919, and have taken pleasure in distributing them where I thought they would be of special interest. The report makes good reading, and I am glad to have had the opportunity of going through it as I have done before sending out the copies to others.

We are having a most interesting year in New York University. The February registration will undoubtedly carry our student body well over the ten thousand mark for the current year. Like all other educational institutions the world over, we are suffering from the strained financial conditions of the time and just now are proceeding with the organization of a campaign intended to secure for the University the amount of $6,000,000. It looks like a big sum to raise but it is small in proportion to the immediate needs.

We are warmly interested in the work which you are doing at the front of things out there in Seoul. I know Mrs. Brown would wish to join with me in warm greetings and good-wishes to yourself and your good wife, and to your honored mother. The mention of Miss Wambold in your report recalls our acquaintance with her when she was a student at Berkeley and we should be glad to be remembered to her also.

With all good-wishes for the New Year, I am, believe me,

Very sincerely yours,

Chancellor.

12th Oct. 1922

Seoul, Korea

Dr. E. E. Brown
New York University
University Heights, New York

Dear Doctor Brown

It is a long while since I sat down to write you a line. I am indeed ashamed not to have kept in closer touch with you and the University. I can assure you, however, that it is due to no lack of thought of my alma mater and of the help I received during my four years in New York University.

My own work, however, has been very pressing and varied and this in connection with sickness and family cares has worked havoc with all my correspondence. We shall expect to return to America some time next summer, and although my plans are somewhat indefinite, I hope to spend a couple of years in study in preparation for my further work here in Korea. Besides ourselves, there are also several graduates of Chosen Christian College who are expecting to go to America at about the same time for further study.

We should be much obliged if you could have a copy or copies of the University's latest catalogue sent to us to assist in planning our work while in America. Of course I am not sure that these young men will be coming east or that they will plan to attend New York University. I am often asked questions about the University and its courses which I am in no position to answer as the last catalogue which I have is dated 1914.

I should like to know if, in your opinion, it would be possible to secure scholarships for one or more of these young men, if they should come to N.Y.U.

They are all Christian men, anxious to fit themselves more fully for educational work in their own country, and all men for whose character I or any other of the faculty of the Chosen Christian College would be glad to vouch. Of course I understand that it is not possible for you to give a definite affirmative to such a question, but I should like to know in a general way what would be the prospects of securing such a scholarship for them.

Hoping that I am not troubling you too much in this matter, and with best regards to Mrs. Brown and yourself.

Yours sincerely,

Horace H. Underwood

(N.Y.U. '12)

15th Nov. 1922

NEW YORK UNIVERSITY

Office of the Chancellor

Washington Square, N.Y.

Dear Mr. Underwood

I am glad to hear from you at any time, and have read your letter of October 12 with keen interest.

Assuming that the young Koreans whom you are going to bring to this country are men of decided promise, and prepared to enter New York University without condition, I shall be happy to give to two of them a free scholarship for two years, in an amount covering all of our fees for instruction with the exception of the laboratory fees. The scholarships will include, then, the special University fee and the regular tuition fees, as indicated in the University catalogue, which I am sending under another cover, together with some other publications relating to the University.

I have had one or two talks with your Uncle, Mr. John T. Underwood, and I am glad to see that he has made a good recovery from the accident of some months ago.

We shall be glad to see you when you come back to this country, and I hope that you may have a good and profitable year here at home.

With warm personal greetings, and good wiches, I am, believe me,

Very sincerely yours,

Chancellor

Mr. Horace H. Underwood

Chosen Christian College

Seoul, Korea

30th Dec. 1922

Seoul, Korea

Dr. Elmer E. Brown
New York university
University Heights, N. Y.
U.S.A.

Dear Dr. Brown

Your very kind letter with your most generous offer concerning the young Koreans of whom I wrote you, came to hand a day or so ago and I hasten to express my appreciation of the offer, to you personally and to the university as represented by you. I have also received the catalogue of the university, the illustrated Album "New York University" and the copies of the splendid addresses which you delivered. Having been, by my own fault, somewhat out of touch with the university for some time I have read these with great interest and thank you very much for sending them.

But like the man who on receipt of one favor immediately asked another on the principle that one good turn deserves another I am writing now to trouble you with my own problems.

I think I wrote in my previous letter that I am returning to America this coming summer and that it is my hope to spend at least two years in graduate study. I have been very strongly urged to take my work at the Teachers College, Columbia but feel that I should much prefer to carry on my studies where I got my education at my Alma Mater. Study of the courses offered in the University School of Education inclines me still further to do this and I have therefore decided to try and enter the New York University School of Education next fall (Sept. 1923).

I note that any application for a scholarship must be made before June 1st of the year in which the applicant expects to enter the School. I am therefore writing to ask that my case be considered tho of course I do not know whether I am eligible for any of the scholarships available in this school as I notice that several are limited to students from specified districts or schools. At any rate I hope you will be so kind as to lay the matter before the proper parties for consideration. Perhaps the balance of this letter should be addressed to Dr. Withers or Dr. Lough but as I have not had the pleasure of meeting them and as I would like the favor of your advice also I am making it all one letter which you can turn over to the proper persons, if it seems best.

Out here we are all supposed to be more or less Jacks-of-all-trades and have to teach a variety of subjects. I however am expected to teach Psychology and Ethics as my main assignment with some Pedagogy during the furlough years of Prof. Fisher who has that dept. or in other emergencies. I have had no training for this work and my principal idea in taking two years study at home is not to secure a degree but to fit myself to carry on my work. Naturally however if it is possible to do both things I should like to have something material to show for my work and on account of the great prestige which the degree of Doctor from an American University has here in the Orient. I should like therefore advice as to whether it is possible to do both, i.e. prepare myself more or less(?) efficiently for my work and secure a degree of Doctor of Philosophy or whether I should drop the second objective so as to more efficiently secure the first.

Further in either case I should like advice as to courses to be taken etc, etc. (It being assumed that I know nothing). This latter is not intended to be a humorous remark, it being decidedly on the contrary for all that I have had in Psychology is the usual college course and such reading as I have done out here.

It is also to be remembered that for some time to come my work here will be confined to one or two courses in Psychology and one or two in Ethics thao I hope that the time will come when we shall have a real Dept. of Psychology offering thorough work in that subject. It is of course all the more important that these young men should have the best possible training in that course if it is all they are to get.

I doubt if it will be possible for me to secure permission for more than two years off the field, and do not know whether it would be possible for me to do the requisite work in that time, tho I might if the schedules and courses offered do summer work also. The requirement for the degree of doctor is given as fifty points, a point as I understand it being one hour per week per term. To complete this in two years would mean about 12 or 14 hours a week which at present would seem quite possible unless there are other requirements or rules which would prevent. I have only one Western modern language, French, but have a good knowledge of Korean which under the circumstances will probably be more useful to me than another Occidental language.

I fear however that I have troubled you to much even in asking you to read so long a letter much less consider it and give advice. I am emboldened to presume both on account of your previous kindness and on account of the importance which I attribute to the proper presentation of our Occidental civilization in its various forms to the Orient, a work the magnitude of which I am sure you appreciate.

Thanking you again, I am

Yours Sincerely

Horace H Underwood

15th Feb. 1923

NEW YORK UNIVERSITY

OFFICE OF THE CHANCELLOR

WASHINGTON SQUARE, NEW YORK

My dear Dean Withers

At Chancellor Brown's direction, I am enclosing herewith correspondence with Mr. Horace H. Underwood who graduated from the College of Arts in 1912 and has, since that time, been doing important educational work in Korea.

I think you will find Mr. Underwood's letter of December 30th self-explanatory.

The Chancellor would greatly appreciate it if you would let him have, at your early convenience, advice relative to the questions raised in this letter.

Will you kindly return the correspondence for our files?

Very sincerely yours,

Harold O. Voorhis
Secretary to the Chancellor

Dean John W. Withers
School of Education
New York University
New York, N. Y.

21st Feb. 1923

NEW YORK UNIVERSITY

SCHOOL OF EDUCATION

Washington Square

New York

Memorandum to Mr. Voorhis

I am returning after too much delay, Mr. Underwood's letter.

I wish to say that we will certainly be able to give Mr. Underwood the work that he wishes in ethics, psychology, and also in the history of philosophy which should be taken in connection with his course in ethics. If he is a strong student it is possible that he might be able to complete the work for the doctor's degree in two years and two or three summers. He would certainly be able to complete the course requirements. The chief problem would be his thesis, which, of course, would have to be such as to merit our conferring this degree upon him. The School of Education will do its best to serve him and I hope it will be possible for him to enter in September. As to the matter of fellowships, this question has not yet been settled but will be taken up immediately after I have returned from Cleveland.

Trusting that I have satisfactorily answered the Chancellor's questions, I am

Very sincerely yours,

John W. Withers

Dean of the School of Education

16th Mar. 1923

NEW YORK UNIVERSITY

COLLEGE OF ARTS AND PURE SCIENCE

SCHOOL OF APPLIED SCIENCE

UNIVERSITY HEIGHTS, NEW YORK

To whom it may concern

This is to certify that

Horace Horton Underwood was matriculated in New York University in September 1908, received the degree of Bachelor of Arts in June 1912. His scholarship average for the four years was 83.7%.

Jeanne M. Elliot

Recorder.

JME:MSM

17th Mar. 1923

My dear Miss Elliott

Thank you for your memorandum relating to the scholastic record of Horace Horton Underwood.

Very sincerely yours,

Secretary to the Chancellor

Miss Jeanne M. Elliott, Recorder
New York University
181st Street
Bronx, New York

EMS

16th Mar. 1923

My dear Dean Withers

You will recall the application of Mr. Horace H. Underwood of Korea for scholarship assistance in the work toward the doctorate which he proposes to take next fall in the School of Education.

Mr. Underwood's father was a graduate of New York University and received also an honorary degree in recognition of his services in the missionary field in the Far East. Since his graduation, the son, Mr. Horace H. Underwood, has followed in the footsteps of his father in this work. Furthermore, his uncle, Mr. John T. Underwood, is a graduate of New York University and has proved himself a valuable friend in the financial campaign.

These considerations prompt the Chancellor to suggest that it might be desirable for the University to encourage Mr. Underwood's plans, and accordingly, he would be glad to have your opinion as to the advisability of offering him free tuition for his courses in the School of Education, covering the requirements for the doctor's degree.

I am sending a copy of this letter to Professor Loomis and to Mr. Kimball, asking them for their advice upon this proposal.

Awaiting your own opinion, I am,

Very sincerely yours,

Secretary to the Chancellor

Dean John W. Withers
New York University
New York, N. Y.

EMS

16th Mar. 1923

MEMORANDUM FROM THE CHANCELLOR'S OFFICE

The Chancellor would appreciate Professor Loomis' advice on this matter.

DATE: March 16, 1923

Fine — MEL

19th Mar. 1923

NEW YORK UNIVERSITY

SCHOOL OF EDUCATION

Washington Square, N.Y.

Memorandum to Mr. Voorhis

I have your letter of March 16th concerning the granting of free tuition to Mr. Horace H. Underwood of Korea upon the Chancellor's recommendation. I heartily approve that this be done.

Very sincerely yours,

JOHN W. WITHERS

JOHN W. WITHERS

Dean of the School of Education

27th Mar. 1923

NEW YORK UNIVERSITY

Office of the Chancellor

Washington Square, N.Y.

My dear Mr. Underwood

I have been away from my office for some weeks because of grippe and the after effects of grippe. But for this, I should have sent an earlier reply to your letter of December 30th, which he been read with much interest.

Regarding the scholastic questions in your letter, I have received a memorandum free Dean Withers which I am sending to you, enclosed herewith.

With reference to the financial aspects, I may[?] say that the University will be glad to provide for you a scholarship covering all of the tuition costs for the two years that you will study at this University. This will leave some small incidental payments to be made, the annual University Fee, the Graduation Fee, and any Laboratory Fees which the course may involve. I hope you will find the scholarship covering all of the tuition fees at least a material help.

May I add that your University takes genuine satisfaction in extending this help to one who is doing work of such importance to civilization as that in which you are engaged.

With all good wishes, and anticipating the pleasure of seeing you[?] at the opening of the University year in September next, I am, believe me,

Very sincerely yours,

Chancellor

Mr. Horace H. Underwood

Chosen Christian College

Seoul, Korea

3rd Jun. 1924

CROSS REFERENCE SHEET

Name   Horace G. Underwood.

Address

re. free tuition charges for five courses in School of Education to be taken by Mrs. Underwood.

Refer to

Name   Dean John W. Withers

Address

Date   3 June, 1924

29th Jun. 1925

NEW YORK UNIVERSITY

Office of the Chancellor

Washington Square, N.Y.

Dear Judge Clark

I have not forgotten my little talk with you about the possibility of receiving, from the Stokes Estate scholarship assistance for some one of our foreign students at New York University.

Just now, I have the recommendation of one of our graduates, Dr. H. H. Underwood, who has been doing an important work in the Chosen Christian College of Seoul, Korea, that the University grant a scholarship to a young Korean, Mr. S. J. Chey, who is a graduate of that College, which will enable him to pursue a course of study in our Graduate School of Business Administration toward the degree of Doctor of Commercial Science. The young man is & Christian, a graduate of Mission School in Korea as well as the Chosen Christian College, and it is[?] his intention, upon the completion of his course in New York University, to return to Korea to teach in that College. He is now in this country, having received this June the Bachelor's degree (with honors), at Huron College, South Dakota. I am informed that throughout his school career, both in his native country and in this country, he has been very active in Christian work, there is every prospect that he will employ his New York University training in similar pursuits.

His course at New York University will cover two or three years. The tuition fees for the course will amount to some three hundred or three hundred and fifty dollars. While I do not know that this is a case for which funds from the Stokes Estate might be made available, I do know that the University would value an opportunity to apply this amount of money to the cause so earnestly advocated by Doctor underwood.

With warm personal greetings and all good wishes for your summer, I am, believe me

Very sincerely yours,

Chancellor

Hon. John C. Clark
149 Broadway
New York City

6th Feb. 1926

[Letterhead][1]

156 FIFTH AVE., NEW YORK CITY

Dr. Elmer Elworth Brown,
Office of the Chancellor,
New York University,
Washington Square,
New York City.

My dear Dr. Brown

Under separate cover I am sending you a copy of "An English-Korean Dictionary" originally prepared some thirty-five years ago by my father, (N.Y.U. '81) and revised and greatly enlarged by myself.

I had ordered a few copies of these to be especially bound in leather and have been waiting for these to come to hand, but as the allotted period for their arrival has long since past, I am not waiting any longer but am presuming to send you one of the regular editions.

I realize that it is highly improbable that you will ever have occasion to use this, though I should like to think that you might, some day, visit us in Korea, which would be, at least, a nearer approach to its use than you would otherwise have.

Although it will be of no particular use, I hope you will be kind enough to accept it as a slight evidence of my appreciation of all that

---

1 편지지에 인쇄된 조선기독교대학과 세브란스연합의학대학, 조선 기독교 교육을 위한 협의 기구 등의 발신인 명칭을 입력하지 않았다.

you have done for me and as a sort of testimony that the graduates of the University, even in Korea, have found something to do.

I wish also to take this occasion to again thank you for the scholarship granted last year to Mr. S. J. Chey, in the Graduate School of Business Administration. He is greatly enjoying his work there and is apparently making marked progress in his work.

I would appreciate it very much if your Secretary would let me know to whom the application for a renewal of this scholarship should be made; i. e., whether I should write a formal letter to you asking for such renewal or whether we should write to Dean Taylor at the Graduate School of Business Administration.

Thanking you again for your kindness and assuring you that I appreciate very much all that the University has done for those of us whom came from Korea, I am,

Sincerely yours,

Horace H Underwood

HHU:E

17th Feb. 1926

Dear Doctor Underwood

I am proud to have the copy of the <u>English-Korean dictionary</u>, and I am taking pleasure in bringing this highly interesting example of your father's work and your own to the attention of the Alumni Office of the University. Thank you most heartily for sending me the book, and may I congratulate you most heartily upon your success in bringing it to completion in spite of all obstacles.

Respecting the work of Mr. S. J. Chey, I think the simplest way would be to write directly to Dean Taylor on the subject. He may very likely bring it to my attention after he has got from you a statement of the situation.

With warm greetings and good wishes to yourself and Mrs. Underwood, believe me

      Very sincerely yours,

Chancellor

Dr. Horace H. Underwood

Chosen Christian College

156 Fifth Avenue

New York City

24th Mar. 1926

156 FIFTH AVE., NEW YORK CITY

March

Twenty-four

1926

My dear Dr. Brown

I am today in receipt of a letter from your office stating that you have been so kind as to approve the recommendation of the scholarship covering the tuition fees in the Graduate School of Business Administration for Mr. S. J. Chey, for the coming year.

Korea and I continue to get deeper and deeper in debt to you and to New York University.

Allow me, in behalf of the Chosen Christian College, of Mr. Chey and for myself, to express our very sincere gratitude and appreciation for this great help which you have given us.

Yours very gratefully,

Horace H Underwood

Chancellor Elmer Ellsworth Brown,

New York University,

Washington Square,

New York City.

16th Mar. 1926

156 FIFTH AVE., N. Y.

Chancellor Elmer Ellsworth Brown,

Office of the Chancellor,

New York University,

Washington Square,

New York City.

My dear Dr. Brown

Allow me to thank you for the very kind notice of the dictionary which appeared in the "Alumnus". I appreciate very much your courtesy in giving this matter to them as I feel that everything which calls the attention of educated People to the existence and needs of Korea is a distinct gain for our work. Our work for the College progresses though slowly.

We are at the present time attempting to interest the Hall Estate to the extent of giving us a large sum towards our Endowment Fund. This Hall Estate is a Fund which was left by Mr. Hall of Cleveland some years ago for collegiate education in the Near and Far East.

Its Trustees are two of the officers of the Aluminum Company of America Mr. Homer H. Johnson of Cleveland, Ohio, and Mr. Arthur V. Davis, of Pittsburgh, Pa., We are of course, anxious to convince Mr. Johnson and Mr. Davis of the needs of our work and quite a number of influential individuals who have either visited Korea or who are cognizant of the nature and value of the work there have been kind enough to write to Mr. Johnson, expressing their own ideas of the value of our work. In most cases these individuals have been kind enough to send us copies of their letters and have extended to us the privilege of using these letters in any way which we saw fit.

As you have at various times been kind enough to express your own opinion of the value of such educational work in Korea, I am venturing to ask you if you would be willing to write briefly to either Mr. Johnson or Mr. Davis, stating your views on the question and your knowledge of the work in Korea, as you have gained it through acquaintance with my father and others and through your own studies along these lines. Mr. Johnson is said to place great weight on such testimony, and quite rightly so.

You will, of course, understand that we are not making any personal appeals to Mr. Johnson but are merely trying to lay before him evidence on the basis on which he may make his decision.

Among those who have already written such letters are; President Woolley of Mount Holyoke, Mr. Frazier Hunt, formerly of the Chicago Tribune and now of the Cosmopolitan, our own Major Crossett, Dr. H. N. Allen, formerly U. S. Minister to Korea, Mr. Wm. H. Hamilton of the Guaranty Trust Company and Mr. Fred Dolph, a lawyer in Washington, D. C.

I realize that I am asking a good deal but am encouraged to do so, not only by your past kindnesses, but by the fact that Mr. John Underwood agreed with me that he was sure you would be willing to do whatever you could to assist in this work.

Hoping that I have not asked too much and that you can see your way to do us this very great favor, I am,

Sincerely yours,

Horace H Underwood

HHU:E

P.S. Mr. Johnson's address is-
     1008 Ulmer Building,
     Cleveland, Ohio.

17th Mar. 1926

Dear Doctor Underwood

I can't be any too hopeful that what I can say will be of any use to you with Mr. Johnson, because of my lack of any intimate knowledge of the Chosen situation. But I am glad to say what I can, and I am sending you a copy of my letter, enclosed herewith.

With all beat wishes, believe me

Very sincerely yours,

Chancellor

Dr. Horace H. Underwood

156 Fifth Avenue

New York City

17th Mar. 1926

My dear Mr. Johnson

My attention has been called to the effort which is now making to raise a substantial fund for the Chosen Christian College, an effort which has, I am told, been brought to your attention. I have never been in Korea. I should be glad, however, to tell you of the Horace Underwoods, father and son, both of whom are graduates of New York University, and both of whom I have had the pleasure of knowing personally.

The University conferred two honorary degrees on the elder Underwood, and the younger has recently earned his degree of Doctor of Philosophy. I formed a peculiarly keen sense of the elder Underwood's quality in the brief acquaintance that I had with him not long before his death. He was a man of that extraordinary devotion to the Christien ideal which is to be associated with foreign missionaries at their best. But he was not a fanatic. He was a scholar of wide attainments and a skilful diplomat. So exceptional was he in personal appearance and intercourse that I at least felt that I was talking with one of the very elect of the Christian Church of all ages when I met with him. The son, in his unpretentious and thorough-going way, is following in his father's footsteps and tending faithfully the plant of Christian civilization which his father planted.

I do not know whether these personal words will be of any service to you, but I am glad of an opportunity to say them on behalf of the men and the cause which has claimed their life devotion.

Believe me

Very sincerely yours,

Mr. Homer H. Johnson

1008 Ulmer Building

Cleveland, Ohio

20th Mar. 1926

[Letterhead]

156 FIFTH AVE., NEW YORK CITY

Chancellor Elmer Ellsworth Brown,

Office of the Chancellor,

New York University,

Washington Square,

New York City.

My dear Dr. Brown

A copy of your very kind letter to Mr. Homer H. Johnson is received and in behalf of the College I wish to thank you very much for your kindness in taking the time and trouble to write him in this matter.

I feel sure that the very fact that you are willing to do this will carry great weight with Mr. Johnson. Personally, I naturally appreciate very much the very kind things which you have said in it about both my father and myself. I can only hope that nothing will occur to undeceive you in the impression which you have gained of myself, but which I fear is not by any means justified.

Thanking you again for your many kindnesses, I am,

Sincerely yours,

Horace H Underwood

HHU:E

30th Apr. 1926

[Letterhead]

156 FIFTH AVE., NEW YORK CITY

Dr. Elmer Ellsworth Brown,

Office of the Chancellor,

New York University,

Washington Square,

New York City.

My dear Dr. Brown

Under separate cover I am sending you a copy of my book, "Modern Education In Korea" which I hope you will be kind enough to accept with my very sincere compliments and regards.

This was originally prepared as my Thesis in the School of Education and is published in almost the same form as originally presented to the Faculty of that School.

I feel under a very deep debt to yourself and to the University for all that you have done for me, during the time that I have been pursuing my studies in the University.

Sincerely yours,

Horace H Underwood

HHU:E

6th May. 1926

Dear Doctor Underwood

Once more I am indebted to you, this time for a copy of your book on <u>Modern education in Korea</u>. I am extremely glad to have it, as I am glad to have every piece of work that comes from under your hand.

With all best wishes, believe me

Very sincerely yours,

Chancellor

Dr. Horace H. Underwood
Chosen Christian College
156 Fifth Avenue
New York City

28th May. 1928

EEB MMD

cc. Alumni Office with invitation

Dear Doctor Underwood

Mrs. Brown and I are glad that you sent as an invitation to the unveiling of the statue of your honored father, even though in the nature of the case it was impossible for us to be present at the ceremonial. I want to congratulate you on this tribute to his memory. I am bringing it to the attention of the office of our Alumni federation.

With all best greetings and best wishes, believe me

Very sincerely yours,

Chancellor

Dr. Horace Horton Underwood

Chosen Christian College

Seoul

Korea

11th Jun. 1931

CHOSEN CHRISTIAN COLLEGE

SEOUL, KOREA

Dr. Elmer E. Brown, Chancellor

New York University

New York City, U. S. A.

My dear Dr. Brown

I do not know how many of the New York University alumni trouble you with letters but I am sure that few of these letters have any further to go than mine. Here at the Chosen Christian College we think of you and of New York University a great deal, since Mrs. Underwood, Dr. Chey and myself, as well as my father who founded the College, are all from N.Y.U. I am now writing in behalf of still another of our faculty, Professor U. K. Yu, who is going to America this summer to attend the Y.M.C.A. conferences at Toronto and Cleveland and who is then to spend eight months in the study and observation of American educational institutions and methods. I hope that you may be able to open the doors for him at New York University so he may get a glimpse of your very efficient and up-to-date methods and may be able to profit thereby. I am giving him a copy of this letter to serve as an introduction, though it is my hope that Dr. Avison, our president, will bring him to call upon you.

I have now in the press a bibliography of Occidental works on Korea and I shall do myself the honor of sending you a copy as soon as it is published. I can not hope that you will find a great deal of use for this work but it may be of interest to you as one of the minor lines of activity of an N.Y.U. alumnus.

Thanking you very sincerely for your many kindnesses, I am

Yours very respectfully,

Horace H Underwood

HHU: MS

8th Jul. 1931

Copy for the Alumni Office

Dear Doctor Underwood

I am very glad to have a letter from you and to know of the prospective visit of Professor Yu. I trust we may be able to show him the things that he would most wish to see here in New York University. It will be a pleasure if we may also meet with Doctor Avison.

I shall be glad to have for our library the bibliography of Occidental works on Korea. I am sure it will be a useful and important publication.

I know that my associates here would wish to join with me in warm remembrances and all good wishes to you and all of the New York University group at Chosen Christian College.

Believe me

Very sincerely yours,

Chancellor

Dr. Horace H. Underwood
Chosen Christian College
Seoul, Korea

14th Oct. 1931

Dear Doctor Underwood

Professor Yu has just been in my office and has presented your letter of introduction. Under the fostering direction of Mr. Younghill Kang, Lecturer on Oriental Culture on our staff, I am sure that Professor Yu will secure such an insight into New York University as he desires.

I shall watch with interest for your bibliography of Occidental works on Korea. Meantime, may I renew the message of goodwill and of best wishes from your twice over <u>alma mater</u> (and I think three times over your hereditary <u>alma mater</u>).

Believe me

    Very sincerely yours,

Chancellor

Dr. Horace H. Underwood
Chosen Christian College
Seoul, Korea

24th Oct. 1931

Memorandum to Professor Watt

Dr. Horace Grant Underwood, Vice President of the Chosen Christian College of Korea, has sent to Chancellor Brown the accompanying set of eight volumes, as a presentation to our library. These volumes are the product of Doctor Underwood's authorship or editorship, as I understand it. It has occurred to Chancellor Brown that Mr. Younghill Kang might be willing to glance through the work and give us a brief memorandum as to the nature of the publications and Doctor Underwood's specific relationship thereto, with the thought that such memorandum would be useful both to our Publicity Office in making appropriate announcement of the gift and to our library in cataloguing it.

I wonder if you would be willing to take the matter up with Mr. Kang.

Assistant to the Chancellor

Professor Homer A. Watt
New York University

29th Oct. 1931

Dear Doctor Underwood

The eight volumes of the bibliography of Occidental works on Korea have come to hand, and I am very glad to have them. I am asking Mr. Kang to give me memoranda concerning these volumes, which may be of use to our librarian and to our department of Public Information.

Thanking you most warmly for this, which has the appearance of a very important work, believe me

Very sincerely yours,

Chancellor

Dr. Horace H. Underwood
Chosen Christian College
Seoul, Korea

4th Nov. 1931

Dear Doctor Underwood

You will doubtless be mystified by my letter of October 29th. Eight volumes came to me printed in Chinese characters, and in as much as I was expecting those which you are to send me, I assumed that these were what you had sent. I now have word that these volumes were sent by Mr. J. Usang Ly, of Chiao-Tung University, Shanghai. They are volumes of translation into the Chinese from Buxley, Montesquieu, Adam Smith and others. I am still looking forward to the receipt of the volumes that you were to send, but you will, of course, understand that this is in no way an expression of haste. I might be in haste to receive the volumes were it not that so much of the matter in them will undoubtedly be beyond my powers of interpretation.

With renewed greeting and good wishes, believe me

Very sincerely yours,

Chancellor

Dr. Horace H. Underwood
Chosen Christian College
Seoul, Korea

6th Nov. 1931

My dear Professor Watt

Chancellor Brown would be glad to have you assure Mr. Kang of his warm appreciation of Mr. Kang's service in giving us information concerning the set of Chinese publications which he recently inspected. The information supplied by Mr. Kang is exactly what was desired.

A curious mix up caused us to attribute the receipt of these books to Doctor Underwood of Seoul, Korea. Doctor Underwood had written us that he was sending a list of books in the Korean language. As a matter of fact, these have not yet been received. The books which Mr. Kang inspected, it now appears, were sent to us quite independently from Shanghai by an alumnus of our School of Commerce. Our inability to distinguish between the Chinese and Korean printed characters of course played a part in the mix up. When Doctor Underwood's books are received we shall perhaps again wish to call upon Mr. Kang for assistance.

Sincerely yours,

Assistant to the Chancellor

Professor Homer A. Watt
Washington Square College
New York University

11th Nov. 1931

CHOSEN CHRISTIAN COLLEGE

SEOUL, KOREA

Dr. Eimer E. Brown

New York University

Washington Square

New York City, N.Y.

U.S.A.

My dear Dr. Brown

Your very kind letter of October 14th informing me that Prof. Yu had just called on you and presented my letter of introduction, was received this morning. Allow me, on behalf of the Chosen Christian College and for myself, to thank you once more for your many kindnesses to us in the Chosen Christian College and to me personally. It is a very peculiarly close bond between the two Institutions, since my father, who founded the institution, was both a graduate and the recipient of two honorary degrees from New York University, and Mrs. Underwood and I, who are both teaching in the school at the present time, took our work in the N.Y.U., and Dr. S. J. Chey of the Commercial Department is also & N.Y.U. man. You have now greatly increased our indebtedness to you through your kindnesses to Dean Yu, and we are most sincerely grateful.

In the absence of Dr. Avison, our President, I am acting as President, and this spring took a leaf from your book by instituting the custom of a periodical alumni letter. I might have known that any idea which you originated would be good, but I confess that I was surprised at the very great success of my own experiment along this line. It was so successful that I only wish that I could learn more from your long experience and insight into these matters.

I heard not long ago that you had recently published a book on the administration of higher educational institutions, but have seen no notice or advertisement of such book. I wonder if I might trouble you to tell me the title and publisher if there is such a work, and if there is not, I hope you will not consider it presumptuous if I suggest that there are many who would greatly appreciate the opportunity to learn from you the many things, for which we find ourselves groping in the dark.

I enclose herewith a reprint of the account of a trip which we made this summer to a very interesting mountain in Northern Korea that you may find of some interest.

I thank you again for your many kindnesses.

Yours very sincerely,

Horace H Underwood

HHU: MS

27th Nov. 1931

CHOSEN CHRISTIAN COLLEGE

SEOUL, KOREA

Dr. Elmer E. Brown

Office of Chancellor

New York University

Washington Square

New York City, N.Y.

U.S.A.

My dear Dr. Brown

I am very much puzzled over a letter which I received from you one or two days ago, in which you acknowledge the receipt of eight volumes of my Bibliography of Occidental Literature on Korea. I am puzzled because of the fact that the first copy of this has not yet come from the press and therefore obviously has not been sent to you. I expect to give myself the pleasure of sending you one as soon as they are out as I mentioned in a previous letter, but whatever it is that you have received, it certainly can not be the bibliography. The only thing I can imagine is that our office here sent to you a number of copies of the Chosen Christian College Catalogue, and that on hasty inspection it was reported to you as being the bibliography.

I have heard from Prof. Yu of your kindnesses to him, for which we are very grateful.

Yours very sincerely,

Horace H Underwood

23rd Dec. 1931

Dear Doctor Underwood

I am very glad to have your letter of November eleventh. May I send you and Mrs. Underwood, even if it is late in reaching you, the heartiest greetings for Christmas and the New Year, from Mrs. Brown and myself, and I am sure that all of my associates here in New York University would wish to join with me.

That is a delightful article by Mrs. Underwood under the title <u>Paik Tu San, 1931</u>. I have taken it out to Mrs. Brown and she has read it with keen interest.

Believe me

  Very sincerely yours,

             Chancellor

       Dr. Horace H. Underwood
       Chosen Christian College
         Seoul, Korea

10th Feb. 1932

Dear Doctor Underwood

I am now oriented regarding your Bibliography of Occidental Literature, and I am very glad indeed to have the publication, which has just come to my desk. It seems to me that it will be of very considerable use, and you have evidently put into it an enormous amount of scholarly work.

With all good wishes and greeting

all over again, believe me

    Very sincerely yours,

Chancellor

Dr. Horace H. Underwood

Chosen Christian College

Seoul, Korea

10th Feb. 1932

Dear Doctor Underwood

I am now oriented regarding your Bibliography of Occidental Literature, and I am very glad indeed to have the publication, which has just come to my desk. It seems to me that it will be of very considerable use, and you have evidently put into it an enormous amount of scholarly work.

With all good wishes and greeting

all over again, believe me

Very sincerely yours,

Chancellor

Dr. Horace H. Underwood

Chosen Christian College

Seoul, Korea

sent to [illegible]

Feb. 10

John T. Underwood's Letters with New York University

Typewriter Brand Preference Survey

Indicate, by the use of numbers 1, 2, 3, 4, 5, your preference for the different makes of typewriter listed below. Do not mark any machine that you have never used.

_____ L. C. Smith

_____ Noiseless (3-row keyboard)

_____ REMINGTON

_____ ROYAL

_____ UNDERWOOD

_____

(Signature)

Report of Investigation as to Popularity of Typewriters

Place	1	2	3	4	5	Total
L. C. Smith	2	4	1	4	5	13
Noiseless (3-row keyboard)	...	1	3	2	3	9
Remington	19	7	2	2	...	30
Royal	4	8	5	...	...	17
Underwood	4	11	13	1	...	29

<u>Offices Listed</u>

Auditor

Bursar

Library

Registrar

Property

Publicity

Law School

Dep't. Physical education

Total Number Voting ··· 30

8th Dec. 1921

Dr. Elmer E. Brown, Chancellor,

New York University,

Washington Square,

New York City.

My dear Dr. Brown

I have your letter of December 5th extending your good wishes for my early recovery, and I thank you for same.

I also note Mrs. Brown and yourself were shocked to hear that Mrs. Lillias Horton Underwood had died. Mrs. Underwood died of the same disease her husband died of, the Sprue.

Yours very truly,

John T Underwood

13th Mar. 1924

NEW YORK

Dr. Elmer E. Brown, Chancellor,
New York University,
Washington Square,
New York City.

My dear Dr. Brown

I have your kind invitation to dinner at the University Club at seven o'clock, Tuesday evening, March 18th and regret to advise you that I have two engagements for that same evening which will prevent my attending.

Very truly yours,

[illegible 3]

JTU/M.

29th Jan. 1926

NEW YORK UNIVERSITY

OFFICE OF THE CHANCELLOR

WASHINGTON SQUARE, NEW YORK

My dear Mr. Underwood

Your letter of January 12th, which Mr. Meinecke brought me, uncovered a situation of which I had been altogether uninformed. I have been sifting the matter carefully with the help of the Comptroller of the University. I find differences of opinion on the general subject of the way in which typewriter purchases should be handled, but we are reconciling these differences and working out[?] a broad policy in this matter which, I am confident, will hereafter preclude any question of discrimination or antagonism. Our newly appointed Office Manager, Mr. Rice, is working toward this end, in cooperation with our Supervisor of Purchases, Mr. Johnson.

While Mr. Johnson has evidently been guilty of some loose expressions, intended at the time jocosely, but with a jocoseness that was misplaced, I cannot find any indication of an unfair intent on his part. Possibly he may have been somewhat influenced by the rather exceptional tact and salesmanship of one of the other companies, but I find no evidence that representatives of that company have used any sales methods except such as are legitimate, such as taking exceptional pains to see that their machines were kept in good repair, and meeting emergency needs with extraordinary promptness and courtesy.

With your interest in New York University, you would wish to be assured that the operations of its Purchasing department are carried on efficiently, economically, and fairly. That is what we are trying to do, and we are really indebted to you for bringing to our notice one point in which the service can be improved, and will be improved, as I have indicated.

Trusting that you will find this a satisfactory statement, and with best personal greetings, believe me

Very sincerely yours,

Chancellor

30th Jan. 1926

NEW YORK UNIVERSITY

OFFICE OF THE CHANCELLOR

WASHINGTON SQUARE, NEW YORK

My dear Mr. Underwood

Your letter of January 12th, which Mr. Meinecke brought me, uncovered a situation of which I had been altogether uninformed. I have been sifting the matter carefully with the help of the Comptroller of the University. I find differences of opinion on the general subject of the way in which typewriter purchases should be handled, but we are reconciling these differences and working out a broad policy in this matter which, I am confident, will hereafter preclude any question of discrimination or antagonism. Our newly appointed Office Manager, Mr. Rice, is working toward this end, in cooperation with our Supervisor of Purchases, Mr. Johnson.

With your interest in New York University, you would wish to be assured that the operations of its Purchasing department are carried on efficiently, economically, and fairly. That is what we are trying to do, and we are really indebted to you for bringing to our notice one point in which the service can be improved, and will be improved, as I have indicated.

Trusting that you will find this a satisfactory statement, and with best personal greetings, believe me

Very sincerely yours, Chancellor

John T. Underwood, Esq.

30 Vesey Street

New York City

2nd Feb. 1926

NEW YORK

Dr. Elmer E. Brown, Chancellor,

New York University,

Washington Square,

New York City.

My dear Dr. Brown

I beg to acknowledge receipt of your letter of January 30th, and thank you for the attention which you have given the matter. I do not know what brought up any controversy in regard to the same, but since I learned that there seemed to bo certain antagonism in certain departments in the use of the Underwood machines, which I could not of course, in this enlightened age understand, I thought it best to call your personal attention to the same. I realized that you were a pretty busy man, fully occupied with many other things, but I concluded there were some people rather small to go looking into these things, and I would dislike very much to have Mr. Charles Strauss or any of our other people know that any such thing could possibly exist in any department now using Underwood machines, particularly when they had been in certain cases requested. However, the matter will straighten itself out in due course.

Yours very truly,

John T. Underwood

JTU.AK

29th Mar. 1926

NEW YORK UNIVERSITY

OFFICE OF THE CHANCELLOR

WASHINGTON SQUARE, NEW YORK

My dear Mr. Underwood

In a little talk I had with Mr. Charles Strauss this morning, I was surprised to find that the question of a standardizing of typewriter purchases unfavorable to the Underwood typewriter, was still coming up. I want to assure you that the tendency to such standardizing, which had never been carried through to completion, was promptly checked when you called my attention to it. The whole typewriter situation in the University is now practically in the hands of our Office Manager, Mr. Louis A. Rice, who is a thoroughly experienced office man, judicial in temperament, and well informed with reference to the present situation. I may say in frankness that we are, to the best of our ability, dealing with this question of the purchase of typewriters wholly on its merits in each particular case, and that it is our intention to do so. This will not result in the exclusive purchase of any one type of machine. On the other hand, it will not result in the exclusion of any[?] one type of machine. I think that you will agree with me that such a course as this is worthy of the management of a great University; and that a course which involved partiality, with the ulterior aim of seeking benefits for the institution, would not be worthy of a great University.

I may add, as I did in speaking with Mr. Strauss, that I think that both our purchasing agent and your sales agent have been somewhat at fault in this matter, otherwise it would never have come to a point of dissatisfaction on either side. We have now fully taken care of this matter, so far as our purchasing agent is concerned. An extended and open conference on the subject was recently held, participated in by Mr. Meinecke; our Comptroller, Mr. LeRoy E. Kimball; our Office Manager, Mr. Louis A. Rice; and our purchasing agent, Mr. Theodore M. Johnson; and it is my understanding that this conference reached a mutually satisfactory conclusion.

I am not writing this letter as part of an effort to secure additional gifts from you. I am writing it simply as the head of one corporation to the head of another, where the purpose is to have a good understanding on both sides. I cannot, however, let the occasion pass without telling you that the help which you have extended to the University from time to time is remembered with warm appreciation, and the various links which bind New York University to the Underwood family are cherished on our part with the greatest pleasure and satisfaction.

Believe me

Very sincerely yours,

Chancellor

John T. Underwood, Esq.
30 Vesey Street
New York City

12th Apr. 1926

[Letterhead]

NEW YORK

Elmer E. Brown, Chancellor,

New York University,

Washington Square,

New York City.

My dear Dr. Brown

I have your letter of March 29th referring to the conversation you had with Mr. Strauss.

In reply I would state that I have been a little disturbed over the situation for unknown to you there has been decidedly unfair treatment and at such time as I again have a chance to talk to you I will do so.

I feel that I am perfectly willing to relieve as far as possible the expense of the University, so far as typewriters are concerned, when Underwood Typewriters are purchased, and I will put aside a sum of $3,000, to be used for Underwood Typewriters, in certain Departments where they want Underwood, but not for any other machine.

In other words when you use Underwood Typewriters up to $3,000. you may send me a memorandum, and I will take care of same. In the meantime you will be good enough to pay the Underwood Typewriter Company for the machines and my personal check will reimburse you.

There are certain friendly relations between certain Departments and certain Salesmen of the Remington Typewriter Company, that have not been accorded to our people, and I felt that it should be drawn to your attention. Therefore, I sent Mr. Meinecke to see you and I want you to know that he has impressed me with the fact that you were very sincere in your handling of this matter.

Yours very truly,

UNDERWOOD TYPEWRITER COMPANY.

John T Underwood

JTU/M.

President

12th Apr. 1926[2]

[Letterhead]

NEW YORK

Elmer E. Brown, Chancellor,
New York University,
Washington Square,
New York City.

My dear Dr. Brown

I have your letter of March 29th referring to the conversation you had with Mr. Strauss.

In reply I would state that I have been a little disturbed over the situation for unknown to you there has been decidedly unfair treatment and at such time as I again have a chance to talk to you I will do so.

I feel that I am perfectly willing to relieve as far as possible the expense of the University, so far as typewriters are concerned, when Underwood Typewriters are purchased, and I will put aside a sum of $3,000, to be used for Underwood Typewriters, in certain Departments where they want Underwood, but not for any other machine.

In other words when you use Underwood Typewriters up to $3,000. you may send me a memorandum, and I will take care of same. In the meantime you will be good enough to pay the Underwood Typewriter Company for the machines and my personal check will reimburse you.

There are certain friendly relations between certain Departments and

---

2 앞의 편지와 같은 내용의 편지가 다른 형태로 보관되어 있다.

certain Salesmen of the Remington Typewriter Company, that have not been accorded to our people, and I felt that it should be drawn to your attention. Therefore, I sent Mr. Meinecke to see you and I want you to know that he has impressed me with the fact that you were very sincere in your handling of this matter.

Yours very truly,

UNDERWOOD TYPEWRITER COMPANY.

John T Underwood

JTU/M.

President

13th Apr. 1926

NEW YORK UNIVERSITY

OFFICE OF THE CHANCELLOR

WASHINGTON SQUARE, NEW YORK

My dear Mr. Underwood

I appreciate the kind suggestion conveyed in your letter of April 12th, and will ask our financial office to send you a memorandum, in due time, in accordance with the terms of your proposal.

We are endeavoring to handle this matter, and all other matters, in a fair and straightforward and non-partisan manner, and I hope the action of our officers in the future will approve itself to you as being of this character.

With personal greetings, believe me

Very sincerely yours,

Chancellor

John T. Underwood, Esq.

30 Vesey Street

New York City

15th Apr. 1926

NEW YORK UNIVERSITY

OFFICE OF THE COMPTROLLER

WASHINGTON SQUARE, NEW YORK

Chancellor Elmer E. Brown

April 13th letter to Mr. Underwood

Your letter of April 13th to Mr. John T. Underwood is a very good one. I have had copies of his letter of April 12th and your reply sent to Mr. Rice and Mr. Johnson.

LeRoy E. Kimball

15th Apr. 1926

[Letterhead]

NEW YORK

Chancellor Elmer E. Brown,
New York University
Washington Square,
New York City.

My dear Dr. Brown

Beg to acknowledge receipt of yours of the 13th inst., acknowledging receipt of mine of the 12th, and advising that you will endeavor to handle the matter satisfactorily to get it all straightened out. This I felt satisfied you would do.

Very truly yours

UNDERWOOD TYPEWRITER COMPANY
John T. Underwood
President

JTU/AM

Baekdu Mountain Travel Journal by
Mrs. Horace H. Underwood

PAIK TU SAN

The Ever-White Mountain

AT THE TOP OF KOREA,
THE LAKE OF HEAVEN BELOW.

THE CORDUROY ROAD
THROUGH THE MARSHES.

THE HOME-LIKE SHORES
OF "LAKE COMFORT".

Paik Tu San, 1931

The Ever-White Mountain

MRS. HORACE H. UNDERWOOD

ON MONDAY NIGHT, July 7th, Dr. Bernita Block, Dr. J. W. Hirst, Donald Hirst, and five Underwoods left Seoul on the eleven o'clock train and fourteen hours later, at Puk Chun, took an auto and baggage truck for a day's ride to Hei San Chin. At Puk Chun our hearts were saddened to see the deserted cloisters standing by a large church, a large empty middle school building and two large well built primary schools. What happened to the schools of Puk Chun? Tuesday night we slept at a small inn at the foot of lovely mountains. We had been over a 4,300 foot pass through a heavy fog, until even our spirits were dampened as we thought of how our journey would be if fog like that continued.

Wednesday noon we reached Hei San Chin. Dr. Underwood at once secured horses, interviewed police, and cashed money orders. Dr. Chey, head of the big Government Charity Hospital, gave us invaluable aid. Dr. Block, the boys and I took a trip over the Yalu to China with a charming young military escort. We found a Korean church and an impoverished Korean school, truly Chinese houses, Chinese shops, many Chinese soldiers, and a stone pagoda forbidden to foreign eyes. The boys picked up floating stones, were they pumice from Paik Tu San?

Horace spoke at the Korean Church Wednesday evening, two hundred or more in attendance. Hei San Chin is fully half Japanese, there are a number of Japanese Christians, even baptized ones, but no Christian work is being done with the 2,000 Japanese.

Thursday morning the ponies were loaded and sent off. We followed by auto over the seven foot rock road, cut from the cliffs seven hundred feet above the Yalu. Trees and flowers, rock, mountain and river; the scenery was unsurpassed; I envied Horace each time he got out to take a picture: after 18 miles along cliffs, we stopped that Thursday night in an upper room-clean and sweet. The Soo Won Industrial Farm has a branch there, and the men kindly doubled up to give us room. As a cold drizzle lasted through the night we were doubly grateful for this courtesy. The woman servant in this house proved to be an earnest Christian of 18 years standing. She is from Songjin, alone, with no relatives or fellow Christian. The house owner knew us all, having lived for thirteen years in Chinggo-ki (Seoul).

Friday we left the auto road and took the inland route through second growth and between millet fields, riding in turn the two saddled horses and one "Po dam hoss" (pack horse). Eight foreigners, ten horses, nine men, made quite a procession. At noon we stopped at a police station and after being refreshed by tea and cakes walked up a long, steep hill to eat our own lunch. We waited impatiently an hour for the horses, then walked ahead leaving John, James and Dr. Hirst to bring the ponies. We met a young husband carrying a fat baby, followed by his wife with two little pigs in a basket on her head. They were walking the 12 miles out to see her mother. This plateau was one garden of lilac, columbine of all colors, Solomon's seal, false, true, and dwarf roses, sweet william, hydrangia, four kinds of spirea, as well as bridal wreath. The air was heavy with the scent of syringa.

Before leaving this plateau rain started. Of course, all raincoats were on the ponies, except the special one for the camera. Dr. Block took the raincoat, the movie camera and the still camera. She also carried the field glasses and medicine kit. Some 30 pounds of pack and awkward to carry-all for one raincoat that did not come together in front. An hour's walk down hill brought us to the first house of the village. Here a policeman had come out to meet us. We stopped only a moment, then he led us through the cold, down-pour for another 40 minutes to the police station and school house.

Soon a roaring fire was going in the school room stove, a big hen was presented for our supper, and we were invited to a hot bath in the police station. The ponies arrived presently and every one was hustled into dry clothes. Try dressing in a room with thirty school desks, eight loads of baggage, eight foreigners, ten or more wood choppers and six windows free to sight-seers. We did it and were grateful for the warm, clean school-house. Our bedding was dry-possibly because the raincoats had been stowed in the centre of the bedding rolls!

Thoroughly rested and dry on Saturday morning we climbed for some 20 minutes, then entered the marshes. The damp wood smell, the spruce, white birch, basswood and mountain ash, all recalled vividly the "other forty" the tamarack swamp of childhood days in Michigan. We found iris, cowslip, arrow hood, and many kinds of aquilegia that I have not seen anywhere else in Korea. The swamps were glorious with anemones, lilies of the valley, lilac and roses. There were also acres of a low azalea, probably sheep laurel, and yellow mock orange. The hydrangeas were nearly over but they were scarcely missed in the virgin forest and flower garden.

A half hour later we passed the Chinese lumber camp. The log cabin, 70 feet long, is now empty and the rice pots gone, but the 70 feet flues under the floor are still in good condition and trappers still keep warm within its walls. The bogs are almost continuous for 12 miles. In 56 places logs have been felled to make going possible. These logs are like long grained corduroy and the pones are expert at walking them. Even so, many slipped off and were at once submerged in the mud, loads and all. Frantic yells all down the line and then miraculously the load is off and the pony lifted bodily by head and tail, back on to the trail! Horace and Donald counted 78 trees which had fallen across the trail and had to be cut out and lifted aside or have a new path made around them. Two men with axes went ahead for this purpose.

At 2 o'clock we made the noon stop to cook food for men and horses. We halted in an open glade near a small shrine. After loads were off and horses fed the heaping kettle of steaming rice was presented at the shrine and one of the older men intoned a marvelous prayer of thanksgiving for our escape from the marshes, and a petition for "traveling grace to the old man and babies, the weak women and the little children." The other horse-men laughed joyously at each new sentence of the prayer, but none ate until a small portion of rice was set on a clean chip before the altar. From here it was a short 3 miles to the three lakes.

Saturday afternoon we settled our first camp on the sandy shore of the large lake (I always call it "Lake Comfort"). Our folding canoe was set up and from the quiet waters of this lake we got our first view of the long, low sweep of Paik Tu San. Here we followed families of wood-ducks-mothers with from 5 to 9 ducklings-until they became alarmed and ran on the water faster than we could paddle. Being unable to fly an extra flick of the paddle caused every duckling to dive out of sight. Mother duck would gather them together with anxious little "clucks", but meanwhile we observed other little families and explored the island which rises only a few feet above the waters of Lake Comfort. Bogs and fern, moss and dead trees make a carpet two feet thick, over which we walked to the center of the island. Here we found a cairn some eight feet high, carefully made of stones brought from the lake bed. It, too, was old and moss-grown but whether it was a grave, a landmark, or a caché for winter furs I would not offer a guess. It did not look to me like an altar. The men built an open-face shelter and made a huge fire in front to keep out the chill of the night. From nine to eleven logs lasted the whole night through.

Monday morning we were up at four and off by six. Bandits frequented the next camp site, so we resolved to make two days trip in one. Rifles and revolvers were brought out and loaded. All kept fairly close together. Donald in the lead with the rifle. On rounding a corner he came face to face with laden ponies and three men who hastily pulled their revolvers. It was a happy meeting with three young men from Tokio who had been to the top by way of Musan. We lunched at Sin Mu Chi, finished our 33 miles tramp and made camp at Mu Ta Bong, the last site with wood and water. That night the men needed their huge log fire and we all our blankets. The temperature fell to 26° F. and water in our flasks forced out their corks and formed ice caps. We shivered at the thought of our three Tokio friends who had lost their path in the evening fog and had slept out all the night before.

Tuesday morning we left the men to move camp and rapidly made our way out of the trees and up the rolling slopes to the crater. We passed several shrines, just small slabs of rock with a low altar before them. We passed regular piles of rocks-a continuation of the great wall of China, according to our guide- then we came to the boundary stone of old Korea. It should have gone to the top, but the old Korean governor got weary and, of what use to anyone could be the barren slopes above? So there the block slab stands five miles below the summit-a monument to laziness as well as the boundary of an old kingdom.

We continued our gradual climb and soon reached the spring, the site for our last camp. The boys took ice from this source of the Yalu. All morning we had watched heavy clouds hanging over the long, low, unimpressive heights-and now at eleven o'clock when we reached the brim, our throats choked with gratitude and wonder. Fifteen hundred feet below at our very feet lay the deep blue lake, steep dark cliffs and foamy clouds mirrored in her depths. All were wild with delight. Dr. Underwood took pictures as fast as the camera could click, then brought forth the movie camera and began to turn. He and the boys, also Dr. Block, ran up to higher peaks on the brim. I succeeded finally in handing three bean sandwiches to each and by twelve we started carefully down the rock and lava slide to the Lake. Dr. Hirst took the rock path and jumping from rock to rock, reached the bottom, while the rest of us took careful ten feet slides through the rubble and dust. All safe-we hastened over the three-quarter mile of rolling plain and stood at last awed and silent on the shore of the Lake of Heaven. Ice lay in patches in every little valley; icebergs were floating in the south bay-glaciers were gleaming white on the rock sides. The 1,700 foot cliffs on every side dwarfed all sense of distance. A major accident nearly broke up the peace of the party. Somebody-in truth everybody- had left the knapsack of films at the brim!

The long stretch from lake to rock slide left us breathless when going back, but remembering from copybook days that "A rolling stone gathers no moss" all got safely up, Donald from lake to brim in 55 minutes, and the slowest in an hour and a half. Our camp was waiting ready three miles below at the Yalu spring. Wednesday we started early, this time carrying the folding canvas boat. Again the clouds were heavy and rolled constantly up from inside the crater. But again all was clear.

We explored the heights for an hour then hurried down to the lake. By eleven the boat was launched. Four of the party went out to sound the lake and to get pictures. The rest of us walked around the northern, left hand shore to meet for lunch at the Ungari outlet.

We walked by the lake for an hour over the e rolling plain then scrambled another hour around the foot of the cliffs. We came to warm sulphur springs in the lake-travellers had preceded us and made tubs in the loose rocks. It was one o'clock before we got to the boat. Three other pilgrims got there first. Three Korean farmers had come in from the China side to visit the temple. We found that It was well worth visiting. Made in careful squares and otangles, its roof was of gleaming white birch bark, renewed by pilgrims. In an outside belfry the fifteen inch bell jingled cheerfully with every fiftful breeze. On the fiat rock overlooking the lake are chiseled a parcheesi board, a chess-board, and a yard square board for go-bang.

The walkers now took the boat for home. In the morning soundings had been made just off shore, so we paddled to the place where the upper peaks would meet if they continued below the water. We carefully let out the line 100 ft., 500 ft., 1000 ft., (that canoe bottom was not really very thick) 1200 ft., 1400 ft., 1420 ft.. We had no more rope. We couldn't feel the bottom. It began to rain and blow. (Could one swim two miles in ice water?) It was getting late. We could see Horace and Donald gleaming white, paddling in the warm sulphur pool. We had no more rope-did we have the bottom? Carefully we gathered up some fifty feet of line them tossed line and reel and all over. Down-down-down-went the rope; the reel up ended and twisted out of sight. 1420 feet, I shivered and, bolding my feet, most gently paddled to shore. The ecstacy stays.

Soft yellow rhododendrons and purple primroses carpeted the rolling slope to the rock slide. "Hen and chickens," lilies[?] and heather crowded under the melting snow. Saxafridge and moses grew out of every crevice. Even blue columbine, edelweiss and double daisies were blooming around the volcanic glass and in the cinders. We dug up specimens of all to take home. After climbing out to the rim, we again enjoyed the fields of lupins, those lovely yellow rhododendrons, also the poppies, bed balm and dwarfed mints of many kinds. At dusk we again greeted John's warbler nest and were surprised that the birdlings were not more grown!

We slept again at Mu Ta Bong, then Thursday traveled the 33 miles to Lake Comfort. We marvelled anew at the buttercups, yellow anemones and blue gentians. We gathered wild onions for supper and roots and more roots for the garden. Friday some of the party saw an elk drinking at the lake. We all revelled in the royal iris, lady's slipper or orchid and the acres of lilacs and roses. At noon we again saw houses, and at night camped outside a thriving village. Dr. Block and I treated the men to pancakes this last night. Mosquitoes were bad here and both of us were well bitten before getting into the tents at ten. Saturday we walked 18 miles over a good road to an auto and then rode 12 miles to Hei San Chin. All day Dr. Block and I dug up fireweed, canterbury bells, wild strawberries and raspberries; also more lilacs, clematis, deutzia, hydrangeas, and blue crane's bill. Hundreds of flowers none of us knew, many we did not see. But now here in my garden some are growing. Some time we will go again. The long, white mountain, the blue lake, the marshes, the flowers, the baby ducks, they all call for another visit.

부록

미국 해외선교이사회 브라운 총무가
조선총독부 외사국 국장 고마쓰에게 보낸 편지

[번역문]

북미 해외선교협의회(The Foreign Missions Conference of North America)를 대표하여
자문 위원회(Committee of Reference and Counsel)

1915년 6월 16일
아서 J. 브라운(Arthur J. Brown)

M. 고마쓰(M. Komatsu)[1] 씨께
외무국장(Bureau of Foreign Affairs)
1915년 6월 16일

회장: 신학박사 아서 브라운(Arthur J. Brown) 목사님
부회장: 신학박사 제임스 바튼(James L. Barton) 목사님

---

1 조선통감부 외사국장을 역임했던 고마쓰 미도리(小松綠, 1865~1942)의 영문 표
   기이다. 1910년 5월 30일 통감으로 임명된 육군대신 테라우치는 비밀리에 병합
   준비위원회를 설치하고 외교 관계에는 일본 외무차관(外務次官) 구라치(倉知鐵
   吉), 조선 관계에는 통감부 외사국장인 고마쓰 등을 위원으로 하여, 1910년 6월부
   터 7월까지 병합에 따른 한국의 국호, 황실 대우, 한국인 통치, 병합에 필요한
   총경비 등을 심의 및 연구하였다. 마침내 7월 8일에 일본 제국 각의를 거쳐 병합
   조약안(倂合條約案), 조칙안(詔勅案), 선언안(宣言案) 등 21개조의 '병합실행방
   법세목(倂合實行方法細目)'을 결정하였다. 병합의 실무 주역인 고마쓰는 국권 늑
   탈 후에 조선총독부 외사국장으로 발령받았다.

서기관: 신학박사 찰스 와트슨(Charles R. Watson) 목사님

회계: 알프레드 말링(Alfred E. Marling) 씨

뉴욕 매디슨 애버뉴(Madison Ave.) 25

회원 명단

신학박사 제임스 바튼(James L. Barton) 목사님

신학박사 아서 브라운(Arthur J. Brown) 목사님

신학박사 제임스 엔디코트(James Endicott) 목사님

신학박사 제임스 프랭클린(James H. Franklin) 목사님

신학박사 월터 램부스(Walter R. Lambuth) 주교님

신학박사 아서 로이드(Arthur S. Lloyd) 목사님

신학박사 로버트 맥케이(Robert P. Mackay) 목사님

신학박사 아치볼드 맥린(Archibald McLean) 목사님

알프레드 말링(Alfred E. Marling) 씨

존 모트(John R. Mott) 씨

신학박사 프랭크 메이슨 노스(Franks Mason North) 목사님

조지 와튼 페퍼(George Wharton Pepper) 씨

신학박사 T. 브론슨 레이(T. Bronson Ray) 목사님

신학박사 찰스 와트슨(Charles R. Watson) 목사님

제임스 우드(James Wood) 씨

직권 회원

윌리엄 헨리 그랜트(William Henry Grant) 씨

신학박사 프레드 해거드(Fred P. Haggard) 목사님

친애하는 고마쓰 씨,

5월 18일 통지해드린 바와 같이 최근 조선총독께서 사립학교에 관해 공포한 특정 법령 및 지시의 영문 번역과 「사립학교법 개정」이라는 제목의 24번 법령에 대한 각하의 논설, 그리고 「교육과 종교의 분리」라는 제목의 각하의 글을 싣고 있는 4월 2일과 3일의 「서울 프레스 (Seoul Press)」[2] 사본이 동봉된 4월 8일 자 각하의 서신은 잘 받았습니다. 이 법령과 규정들은 제가 공식적으로 관련된 이사회뿐 아니라 한국에서 활동하고 있는 모든 선교이사회의 교육 정책과 계획에 영향을 미치는 것이며, 제가 생각하기에 각하께서는 저를 통해 그들에게 정부 시책의 성격과 범위를 알리려고 하셨기 때문에, 저는 북미에서 다양한 교파의 선교위원회를 대변하는 위원회로서 이 편지지에 이름이 인쇄된 자문위원회(Committee of Reference and Counsel) 회원들과 상의를 했습니다. 또 무게 있는 의견을 제시하는 몇몇 국제적으로 유명한 교육가들에게도 조언을 구했습니다. 우리 위원회에서는 프랭크 메이슨 노스(Frank Mason North) 박사가 회장으로 있는 소위원회에서 관련 이사회와 직접 교신해야 하며, 그와 동시에 제가 지금 하고 있는 것처럼 각하께 서신을 보내야 하는데, 각하께서 제게 보내신 것처럼 사적인 서신이되 교신에 대해 알 권리가 있는 다른 사람들의 승인하에 쓰인 서신을 보내야 한다고 동의했습니다.

---

2 당시 조선총독부 기관지인 영자신문 『The Seoul Press』를 가리킨다. 영국인 베셀 (裵說, E.T. Bethell)이 『대한매일신보』와 합간으로 영자신문 『코리아 데일리 뉴스(The Korea Daily News)』를 창간했다가, 1905년 8월 11일 외국인에게 한국의 사정과 일제의 만행을 좀더 자세히 알리기 위해 『대한매일신보』에서 독립하여 별도로 간행하였다. 그러자 조선통감부는 영국인 하지(J. W. Hodge)가 1905년 6월 3일 창간한 『서울 프레스』를 1906년에 매수하여 베셀의 『코리아 데일리 뉴스』와 헐버트가 발행하는 월간지 『코리아 리뷰(Korea Review)』의 반일적인 논조에 대항하였다.

각하께서 그와 같이 중요한 자료들을 제게 친히 보내주신 데 대해 깊이 감사하고 있습니다. 그 문제에 대해 매우 주의 깊게 생각해 주신 흔적과 그 결론을 명확하고 설득력 있게 제시하신 점에 감명을 받았습니다. 물론 우리는 이 사안에 대해 아주 큰 관심을 가지고 있으며, 사적으로 직접 만나서 의견을 나눌 기회가 있다면 더할 나위 없이 좋을 것이라고 생각합니다.

각하께서도 알고 계시는 것같이, 선교 이사회는 한국에 많은 학교를 설립하고, 그 학교들과 학교를 운영하는 선교사들을 후원하기 위해 막대한 금액의 돈을 지출하고 있습니다. 이 일부 학교들, 특히 서울에 있는 연합기독대학(Union Christian College)의 설비를 보다 나은 것으로 마련할 계획도 세웠습니다. 이사회가 이러한 계획을 세우게 된 것은 부분적으로는 한국의 국민들이 필요로 하는 최고의 기독교 교육을 우리가 확보해 줄 수 있을 것이라는 확신 때문이고, 또 선교사들이 운영하는 학교를 비롯해 모든 학교가 만족스러운 교육적 수준에서 볼 때 충분해야 한다는 조선총독의 합당한 바람에 부합하고자 하는 우리의 진심 어린 바람 때문이기도 합니다.

각하께서는 제가 1909년 한국에 있을 때 이 문제에 대해 각하와 교육국장께 의논을 구했던 것을 아마 기억하실 테고, 또 각하께서는 분명 현 국장이신 데이사부로 세키야(Teisaburo Sekiya, 關屋貞三郎) 경이 지난해 미국에 있을 때 제가 여러 저명한 선교회 지도자들을 오찬에 초청해 그분을 뵙게 해드렸고, 그곳과 제 사무실에서 만나 그 문제에 대해 심도있게 논의했다는 사실도 분명 알고 계실 것입니다. 따라서 저는 여기서 이사회에서는 정부가 모든 학교를 검열해서 학교들이 잘 운영되고 있고 의사로 개업하거나 정부에서 일하려는 학생들에게 적절한 자격을 부과하고 있는지를 볼 권리가 분명히 있다는 점을 진심으로 이해하고 있다는 점만 다시 말씀드리면 될 것입니다. 이사회에서는 저희가 활동하고 있는 국가의 관계 당국에 전적으로 충성하며, 그에 부합하지 않는 어떤 지시에도 따르지 않을 것입니다.

저는 교육 전문가가 아니고, 또 조선총독이 학생들을 교육시키는 학교에 적합한 규정을 만드는 데 있어 전적으로 총독의 권위와 재량권 내에서 결정하고 있다는 사실을 잘 알고 있기 때문에, 제가 모든 법령과 지시나 규정에 대해 자세히 쓰는 것은 적절치 못한 일일런지 모르겠습니다. 저는 규정들의 상당수가 굉장히 훌륭하다고 생각한다는 것만 말씀드리겠습니다. 그밖에 다른 규정들에 대해서는 그다지 명확한 판단을 내릴 수가 없습니다. 많은 규정들이 어떻게 해석되느냐에 의해 좌우될 것이고, 해석은 아마 앞으로 규정의 적용을 책임지게 될 미래의 공직자들에게 맡겨질 것입니다. 이러한 일부 조항들의 조문이 해석된 방향으로 인해 심각한 문제가 생길 수도 있습니다. 아마도 그런 식으로 해석되지는 않을 것이며, 저도 우리가 일본 제국의 정부와 조선총독이 추구해 온 정책에 비추어 볼 때 앞으로도 공평하고 총괄적인 정책이 추구될 것이라고 생각하는 것이 합당한 가정이라는 점은 기꺼이 인정합니다. 사실 일부 선교사들은 제게 아마도 분명 그렇게 될 것이라고 확신을 주기도 했습니다.

그럼에도 불구하고 우리는 발표된 특정 문구들에 대해 심각한 우려를 하지 않을 수 없으며, 그것들은 미션스쿨들에 지금까지 허용되어 왔던 자유를 제한하는 내용을 담고 있는 것으로 보입니다. 우리는 「한국의 교육 법령과 여러 부칙들」이라는 제목의 소책자와 『서울 프레스』에 실린 각하의 글, 그리고 3월 30일 자 『나가사키 프레스(The Nagasaki Press)』에 실린 세키야(Sekiya) 씨의 글에서 그러한 문구를 발견했는데, 세키야 씨의 글을 인용해 보겠습니다.

교육과 종교는 서로에게서 독립된 각자의 방식으로 각각의 목표를 추구함으로써 각각의 목표를 달성할 수 있을 것이다. 교육과 종교가 서로 섞인다면 특정 종교를 믿는 학생들은 다른 신앙을 지닌 학교에 들어갈 수가 없게 될 것이고, 혹은 자신의 종교가 아닌 신앙을 믿도록 강요받게 되거나 자신이 믿는 신앙을 버리도록 강요받게 될 것이다. 이런 식으로는 믿음의 자유가 제한될 것이며, 교육 과정도 크게 방해될 것이다. 당국에서는 한국의 종교 학교들이 문명과 교육의 발전에 크게 기여한 것에 대해 무척 감사하고 있지만, 이 학교들이 한국에서 현재의 교육 상황을 오랫동안 계속하게 둘 수는 없으며, 그렇게 된다면 종교와 교육이 섞임으로 인해서 앞서 설명한 바와 같은 폐단이 조만간 생기게 될 것이 자명하다. 사립학교 규정의 개정이 시행된 것은 이러한 폐단을 막으려는 목적에서이다. 이와 같은 개정을 통해 한국에서 일반 혹은 산업, 특수교육을 시행하고 있는 사립학교들은 공립 보통학교나 고등 보통학교 혹은 정부 특수학교를 규제하는 규정에 맞춰서 교과과정을 맞추어야 하며, 이 규정들에 의해 승인된 것 이외의 교과과정을 포함하는 것도 금지된다. 다시 말해서 보통학교든 산업학교든 특수학교든, 모든 학교를 규제하는 체제에 따라야만 한다. 그 결과로서 이 모든 학교들에서는 종교적인 교육을 시행하거나 종교적 의식을 지키는 것은 금지된다.

이러한 선언은 당연히 기독교 교육 후원자들에게 큰 우려를 불러일으키는 것입니다. 이러한 선언은 분명 종교적인 문제에 있어서 이러한 학교들의 자유를 축소시키는 것을 의미하고 있기 때문에, 각하께서는 이러한 선언이 서울의 새 대학을 비롯해 한국에서의 교육을 위해 막대한 추가 금액을 모으려는 이사회의 바람에 미치게 될 영향을 이해하실 것입니다. 우리는 조선총독이 가장 관심을 두고 있는 것은 교육 활동의 수준과 관련되어 있으며, 다른 점에 있어서는 사립학교들이 영국과 미국의 유사한 학교들이 누리고 있는 것과 같은 자유를 갖게 될 것이라는 가정하에 일을 추진해 왔습니다.

우리는 일본 제국 정부가 교육을 국가의 기능으로 생각하며, 혹은 각하의 표현을 빌리자면 "교육은 국가적이어야 한다"는 입장을 잘 알고 있습니다. 이것이 만약 국가는 국민의 교육에 무심해서는 안 되고, 무료 학교와 교육을 제공해야 한다는 것을 의미하는 것으로 생각한다면 그것은 세계에서 가장 모범적인 교육 원칙들에 완전히 일치하는 것이며, 이는 미국 및 영국의 공립학교 체제가 그 바탕을 두고 있는 정신과도 완벽하게 들어맞습니다. 그러나 미국과 영국에서는, 국가의 책임으로 인정되는 것은 오직 무료 교육을 위한 공공 기관의 설비에만 적용됩니다. 국가는 사립학교의 설립과 운영을 규제하지 않으며, 그래야 한다고 생각되지도 않습니다. 무료 공립학교들은 국민의 세금으로 후원되며, 대부분의 국가에서는 법으로 특정 나이의 아이들이 반드시 학교에 다닐 것을 강제하고 있습니다. 그러나 다니는 학교는 부모와 학생의 선택에 따라 사립이 될 수도, 공립이 될 수도 있습니다. 공립학교는 공공의 복지이자 필수적인 기반이라고 간주되기 때문에, 시민들은 자신들이 공립학교를 다니든 그렇지 않든 학교세를 내야 합니다. 그러나 시민들이 이 세금을 내고 나서도 자신의 자녀를 사립학교에 보내기 위해 가외의 비용을 부담하고자 한다면 정부에서는 그에 대해 어떤 방해도 하지 않습니다.

[아래는] 『서울 프레스』에 실린 각하의 글입니다.

미국에는 물론 사립대학이 있지만 보통 교육은 전적으로 정부에 의해 관리된다. 초등교육을 담당하는 학교부터 고등교육을 담당하는 학교까지의 학교 교과과정은 정부가 관리하고, 어떤 종교적 교육도 포함하지 않는다. 그러나 일부 종교주의자들과 종교 단체에서 사립대학을 세운 것은 사실이지만, 그들이 이러한 기관을 세운 목적은 그들의 종교를 선전하기 위한 것이 아니라 교육 자체를 증진하고 확산시키기 위한 것이다. 그러므로 종교 학습을 목적으로 하는 신학교를 제외하고는, 미국에서 종교적인 것을 가르치는 학교는 없다.

각하께서는 이 문제에 대해 정확한 정보를 제공하시지는 않았습니다. 사실은 교회나 교회 회원들이 관리하는 사립대학뿐 아니라 유치원, 초등학교, 중학교, 고등학교 등 더 낮은 급의 사립학교들이 굉장히 많이 있습니다. 온갖 등급의 이 모든 사립학교들은 정부와는 전혀 관계가 없거나 정부의 관리를 일절 받지도 않습니다. 공립학교들은 주에서 운영하며 주 정부가 밀접하게 관리하고 종교적인 수업을 하지 않지만, 그중 일부는 성경 강독과 개시 기도를 허용하는 학교도 있습니다.

그러나 사립학교는 원하는 것을 원하는 방식으로 자유로이 가르칠 수 있고, 이에는 종교도 포함되며, 그에 대해 정부는 각 학교가 합법적으로 세워진 기구로서 자산을 소유를 할 수 있도록 면허를 주는 것 외에는 어떤 관여도 하지 않고 규제도 하지 않습니다. 저 자신의 아들과 딸들도 그런 사립학교에서 교육을 받았습니다. 많은 사람들이 자녀를 공립학교에 보내고 있지만, 유복한 계층의 상당수 사람들은 자신들의 자녀를 사립학교에 보냅니다. 그들이 자녀를 사립학교로 보내는 이유는 건전한 교육에는 종교도 포함된다고 믿고, 자신의 자녀들이 이를 실현하고 성경을 가르치는 학교에서 교육받기를 원하기 때문이기도 하며, 또 이 사립학교들 대부분이 공립학교보다 한층 높은 수준의 교육 활동을 하기 때문이기도 합니다. 이 두 번째 이유는 중요한데, 어떠한 기준을 강요하는 정부의 규제 없이 사립학교에서는 미국에서 최고 수준의 교육을 하고 있습니다.

정부는 경쟁의 법칙이 적절한 보호 체제가 된다는 가정하에 움직입니다. 이러한 사립학교들은 수없이 많으며, 그 학교들은 한결같이 교육비를 받을 뿐 아니라 공립학교는 무료인데 비해 일반적으로 그 수업료가 비교적 높기 때문에, 사립학교는 학생들을 끌어오기 위해 종교적 혜택뿐 아니라 월등한 교육적 이점을 제공해야만 합니다. 그러므로 우리 미국의 경험에서는 정부가 사립학교로 인해 위험을 감수하는 일이 없습니다.

각하께서는 또 공립이나 사립 양편에서 최고 수준의 미국 학교 교수진 가운데 '종교주의자'의 존재에 대해서도 잘못 알고 계십니다. 미국 학교들의 교사와 교수, 학장들 대다수가 기독교인이며 상당수가 성직자입니다. 프린스턴대학의 학장은 장로교 성직자입니다. 각하께서 언급하신 예일대학의 해들리(Hadley) 학장은 실제로 성직자는 아니지만 열렬한 기독교 신자이기 때문에, 그를 아는 사람이라면 누구라도 그가 '종교와 전혀 관련이 없는 사람'이라고 말하지 않을 것입니다. 그는 대학 예배당에서 정기적으로 설교를 하게 하고, 종종 자신이 설교하기도 하며, 미국에서 가장 영향력 있는 기독교 지도자 중 한 사람으로 널리 알려져 있는 사람입니다. 또한 현재 미국 대통령인 우드로우 윌슨(Woodrow Wilson) 박사도 프린스턴대학 학장 시절부터 지금까지 장로교 장로였고, 대학 예배당에서 종교 의식을 열었습니다.

미국 내 최고의 사립 및 공립 대학 학장과 교수 중 독실한 기독교

신자인 많은 사람들의 명단을 각하께 드릴 수도 있으며, 펜실베이니아(Pennsylvania) 주 포츠타운(Pottstown)의 힐 스쿨(Hill School), 코네티컷(Connecticut) 주 레이크빌(Lakeville)의 하치키스 스쿨(Hotchi-kiss School), 뉴저지(New Jersey) 주 블레어스빌(Blairsville)의 블레어 아카데미(Blair Academy), 매사추세츠(Massachusetts) 주 그로톤(Groton)의 그로톤 스쿨(Groton School), 앤도버(Andover)와 엑스터(Exeter)의 필립스 아카데미(Phillips Academy) 등 수백 개의 사립학교 거의 대부분이 성경을 교과과정에 포함하고 있고, 종교 의식 참여도 필수입니다. 사실 미국 사립학교 대부분은 기독교인이며 교회 회원이 아닌 교사는 채용하지 않을 것입니다.

요컨대 미국식 교육 제도는 교육에 절대적인 자유를 주는 것에 근간을 두고 있다 할 수 있습니다. 정부에서는 공립학교에 가고자 하거나 사립학교에 갈 수 없는 서민들을 위해 막대한 비용으로 공립학교를 운영하지만, 교회나 기독교 개인들의 자원 단체에서는 전혀 어려움 없이 사립학교를 세워서 운영할 수 있고, 자신들이 원하는 대로 종교를 발전시킬 수 있습니다.

이러한 내용은 영국의 교육 정책에 있어서도 마찬가지입니다. 옥스퍼드와 캠브리지, 스코틀랜드의 대학들뿐 아니라 이튼(Eton), 럭비(Rugby), 해로우(Harrow) 등 수십 개의 고등학교를 포함하는 영국 최고의 학교들은 일반적으로 '공립학교'라고 불리지만 실제로는 국립학교가 아니라 사립으로 운영되는 학교이며, 정부와는 전혀 아무런 공식적인 관계를 맺고 있지 않습니다. 그럼에도 영국 왕실과 정부 고위층들은 자신들의 자녀를 대대로 이 학교들에서 교육시켜 왔습니다. 이 학교 교사들 상당수는 영국 교회나 스코틀랜드 교회의 성직자로 안수받은 사람들이고, 나머지 사람들 대부분은 이 교회들의 교회원들입니다. 이 모든 학교들에서 종교를 자유로이 가르치며, 최고의 성경 주석과 신앙 서적, 기타 전체 기독교 세계의 종교적인 출판물들 대부분은 이 시설들의 회원들이 만들어 왔습니다.

법령과 지시서, 규정, 각하의 글이 사적인 것이 아니라 발표된 것이기 때문에 저는 미국 내 가장 저명한 교육자 몇몇에게 이 사본들과 제 답장의 초본을 함께 보내면서 미국의 사립학교들이 자유로이 종교를 가르친다는 제 발언의 정확성에 대한 그들의 의견을 물었습니다. 그들의 답변을 여기 덧붙입니다.

뉴욕 컬럼비아 대학 사범대학 제임스 러셀(James E. Russell) 학장의 답장입니다.

미국의 일반적인 교육 문제에 대해 아주 잘 알고 있는 일본의 교육부 장관이 미국에 사립학교가 거의 없으며 종교를 가르치는 것이 금지되고 있다고 잘못 생각했다는 것이 무척 놀랍습니다. 사실 미국에서 사립학교에 규제나 제한을 가하는 주는 단 하나의 주도 없습니다. 최근의 미국 교육국장의 보고에 따르면 사립학교에 재학 중인 학생 수는 1,647,104명으로 보고되어 있습니다. 이 수치는 분명 실제보다 낮은데, 그 이유는 우리나라의 사립학교가 정부에 보고할 의무조차 없을 정도로 자유롭기 때문입니다.

종교 수업에 있어 미국 전역의 사립학교들은 원하는 대로 자유롭게 할 수 있습니다. 나는 어떤 종파에게도 규제가 있다는 말은 들어본 적이 없으며, 더욱이 우리나라 많은 곳에서 종파적이지 않은 형태의 종교 수업은 공립학교에서도 허용되고 있고, 그렇지 않으면 공립학교의 학생들이 정규 학교 활동과 관련해 자신의 신앙을 지닌 교사들로부터 지도받을 수 있게 하는 특정 규정이 마련되어 있어 이러한 수업이 어떤 경우에는 공립학교 건물 내에서 이루어지고, 어떤 경우에는 학생들이 근처 교회로 갑니다. 이 나라에서 일반적으로 받아들여지는 한 가지 견해는 종파적인 수업을 공공 지출로 지원할 수는 없기 때문에, 종교적 교육은 어떤 것이든 그것을 증진하려는 사람들이 비용을 부담해서 실행해야 할 것이라는 점입니다.

진심으로,

제임스 러셀(James E. Russell)

예일 대학교의 아서 해들리(Arthur T. Hadley) 총장은 다음과 같은 답변을 보내 왔습니다.

고마쓰(Komatsu) 씨가 제출한 서류와 귀하의 답신 초안을 유심히 읽어 보았습니다. 이 초안의 내용은 아주 훌륭하다고 생각됩니다. 미국의 종교적인 교육에 관한 고마쓰 씨의 표현이 잘못 되었다는 귀하의 지적은 전적으로 옳습니다. 일본 정부가 보내주신 문서에 나타난 바와 같은 입장을 계속 고수한다면, 우리로서는 한국 및 일본의 영향하에 있는 다른 지역에서 교육사업 투자를 그만두는 것 외에는 그들의 행동에 대해 어떤 방어도 취할 수 없지 않을까 우려됩니다. 그러나 정부에서 잘못된 근거를 바탕으로 해서 그같은 자금 회수를 강요하도록 허용되어서는 안 됩니다. 이 마지막 지적에서처럼 제가 귀하께 편지를 쓴다고 해서 고마쓰 씨에게 어떤 도움이 될지는 모르겠습니다. 저보다 귀하가 상황을 훨씬 더 잘 판단할 수 있을 것입니다. 제가 귀하께 보낸 어떤 것이든 고마쓰 씨에게 보여주거나 이야기하셔도 좋습니다.

진심으로,

아서 해들리(Arthur T. Hadley)

뉴욕대학교(New York University)의 엘머 브라운(Elmer E. Brown) 총장의 답장입니다.

한국의 공립 및 사립학교에 대한 문제에 깊은 관심을 가지고 있으며, 이 문제에 대해서는 저희의 최근 학회에서 논의를 했습니다. 저는 이 나라에서 사립교육에 대한 우리 정부 당국의 전반적인 태도를 잘 이해시키는 것이 중요하다고 생각하며, 이 문제는 미국의 체제하에서 자라지 않은 교육 정책 학생에게 어려울 수도 있는 것입니다.

미국에는 교육 행정에 관해 국가적인 체제가 없다는 것은 분명 잘 알려진 사실입니다. 우리의 학교 체제는 여러 주의 체제입니다. 물론 일반적으로 대체로 한 가지 유형이긴 하지만, 그 중에는 작은 변형들이 있습니다. 연방 교육국이라는 하나의 국가적인 기관은 이들 체제에 대해 어떤 권위도 행사하고 있지는 않지만, 이들 전체에 관련된 정보를 수집하고 전달합니다.

1911년에서 12년 사이의 주 학교 체제 통계를 다루고 있는 최근의 연방 교육국 보고서를 보면, 모든 등급의 공립학교와 공립대학에 등록한 학생의 수는 총 18,376,257명입니다. 같은 해 모든 등급의 사립학교와 사립대학 등록자 수는 1,902,183명이었습니다. 같은 해 초등학교에 대한 수치는 다음과 같습니다. 공립 초등학교 17,707,577명, 사립 초등학교 1,505,637명. 같은 해 중등학교 수치는 다음과 같습니다. 공립 중등학교(고등학교) 1,126,791명, 사립 중등학교 211,256명. 초등학교와 중등학교에 관한 이런 수치는 위에 작성된 모든 과정의 학교에 관한 수치에 포함되어 있습니다.

이 나라의 상황은 더욱이 두 개의 선도 주 교육체계에 대한 통계와 관련하여 설명될 것입니다. 최근에 발표된 뉴욕 주 보고서, 즉 1912~

1913년의 보고서에 의하면 주 교육부(State Education Department)에 정기적으로 보고하는 모든 과정의 학교와 대학들에 등록된 총 학생들의 수가 1,956,365명입니다. 이 가운데 1,329,925명은 공립 초등학교에, 180,010명은 공립 중등학교에 등록되어 있습니다. 같은 보고서에 따르면, 위의 사항에 덧붙여 서로 다른 학년의 사립학교들에는 225,000명이 등록되어 있다고 추측됩니다.

매사추세츠 주의 경우, 1913~1914년의 통계가 준비되어 있습니다. 이것은 주의 공립 초등학교에는 576,510명이, 주의 사립 초등학교에는 114,192명이 등록되어 있었음을 보여줍니다. 동시에 주의 공립 중등학교(고등학교)에는 76,620명이, 사립 중등학교(아카데미 등)에는 7,429명이 등록되어 있었습니다.

이런 통계의 이면에는 이 나라의 교육 정책에 영향을 주는 근본적인 중요성에 대한 고려가 있습니다. 자녀들을 위해 다른 어떤 형태의 교육을 선택하지 않은 모든 사람들의 자녀에게 공공 무상 교육을 제공하는 것이 미국의 관행입니다. 이런 공립학교들에서 이루어지는 교육은 무종파적인 특징을 지니며, 대부분 반종교적이지는 않지만 비종교적입니다. 제가 위에서 기록한 통계에서 보면, 우리 학생들의 약 9/10가 그런 학교들에서 교육받고 있습니다. 동시에 교육의 자유가 있어야 한다는 것 또한 우리 미국 체계의 근본적인 교의입니다. 인용된 수치에서 나타나듯이, 우리 학교들의 약 1/10이 사립학교들 혹은 특정 종교 교단이 운영하는 학교로서 학생들을 교육하고 있습니다. 대부분 주들의 법령집에 기초한 출석 의무 원칙은 학생들로 하여금 공립학교 외의 학교에 출석함으로써 만족시킬 수 있습니다.

한국에서 전개되고 있는 상황에 대한 논의에 비추어 볼 때, 중요한 사실은 대부분의 사립학교들에서 종교 교육이 이루어지고 있다는 것입니다. 이런 학교들 대부분은 이런 저런 종교 교단에 의해 혹은 그런 교단의 신봉자들에 의해 운영되고 있고, 종파적인 교의가 그런 학교들에서 체계적으로 그리고 자유롭게 가르쳐지고 있습니다. 이외 다른 사립학교들에서는 종교적인 교의가 좀 더 일반적이고 덜 종파적인 차원에서 가르쳐지고 있습니다. 상대적으로 적은 수의 사립학교들에서는 교육이 비종교적인 근거에서 운영되고 있는데, 본질적으로 공립학교들에서 받는 것과 동일합니다.

학교에서 이루어지는 종교 교육의 이런 자유가 우리 학교 학생 수의 1/10 정도에만 직접적으로 영향을 미치고 있지만, 그런 노선을 따라 교육을 실시할 자유가 우리 교육체계의 지극히 중요한 요소라는 점을 덧붙여야만 합니다. 그것은 또한 널리 인정되는 이런 위대한 공적인 장점을 지닙니다. 즉 그것은 다양성, 유연성, 그리고 우리 사회의 헌법에 철저하게 부합하고 미국적 특징을 강화하는 데 의심할 바 없이 많은 것을 추가하는 보수적이고 급진적인 주도권 둘 모두를 위한 자유를 우리 국민의 교육에 가져온다는 것입니다.

저는 이 문제에 관해 다소 장황하게 썼습니다. 왜냐하면 오래전부터 이 주제는 언제나 저의 관심을 깊게 끌었기 때문이고, 또 저는 그것이 미국 교육에 대한 진정한 이해에 도움을 줄 것이라고 믿기 때문입니다. 이런 상황에 관련된 사실들은 분명 적절한 경우에 분명 나타나게 될 것입니다.

진심으로,

엘머 E. 브라운(Elmer E. Brown)

저는 또한 철학박사이자 법학박사인 폴 먼로 교수(Professor Paul Monroe)와 의논했습니다. 그는 뉴욕 컬럼비아대학교 교육대학의 교육사 교수입니다. 각하께서 확실히 알고 있듯이, 교육계에서 갖는 그의 높은 권위는 그가 일본을 방문하는 동안 그에게 주어진 영예를 통해서, 그리고 대일본문명협회가 교육사에 대한 그의 저명한 책을 번역한 것에 의해서 인정되었습니다. 그는 이 주제에 대해 깊은 관심을 표명했고, 각하께서 제가 보내신 모든 자료들을 읽었으며, 저의 요청으로 그의 견해를 다음과 같이 표현했습니다.

친애하는 브라운 박사.

저는 여기서 당신이 6월 10일에 보낸 질문에 답변하고, 외무대신이자 총독부 총무부장관이신 고마쓰 각하께서 보낸 편지에 대해 말씀드리고자 합니다. 저는 그렇게 하는 데 많은 관심이 있습니다. 첫째는 제가 일본인들에게 우정을 갖고 있고, 그들이 이루었고 이루고 있는 위대한 사업을 존중하며, 그들의 문화를 찬미하는 동시, 그들이 서구 국가들이 일본에 대해 가진 좋은 감정이 사그라지게 하는 그 어떠한 조치도 취하지 않을 것이란 바람을 갖고 있기 때문입니다. 둘째는 제가 기독교계 학교들이 동양인의 삶과 진보에 기여할 뚜렷한 무언가를 가지고 있다고 믿기 때문입니다.

저는 다음과 같은 말로써 제 설명을 시작하려고 합니다. 저는 실제 방문을 통해 일본 학교들의 사업에 친숙하고, 일본 문화가 미국 문화에 기여할 점들이 있듯이 일본 교육이 미국 교육에 기여할 무언가를 가지고 있다고 믿으며, 서양이 동양에 기여할 것이 있다고 생각합니다.

사립학교에 적용되는 이런 규제들에서 조선총독이 취한 입장은 매우 과격하여, 저는 대신 각하께서 서구 국가들의 교육 현황과 관련하여 많은 오해를 했다고 확신합니다. 그리고 제가 그의 해석과 이런 규제들에 대한 비평에 대해 매우 구체적으로 논평할 자유를 갖는다면 이러한 오해는 바로잡힐 수 있다고 확신합니다.

첫째. 저는 이런 규제들이 꾀하고자 하듯, 사립학교를 금지하는 입장을 유지하는 나라가 서구권에는 있다고 믿지 않습니다. 이런 학교들에서 교과 과목으로 제공해야 하는 것과 그래서는 안 되는 것을 절대적으로 결정하려고 하는 나라가 있다고도 믿지 않습니다. 물론 그들 대부분은 최소로 제공되어야 하는 것을 규제하지만, 다른 과목들이 추가될 수 없다는 입장을 취하는 나라는 전혀 없습니다. 저는 서반구의 모든 나라들에 관해서 이런 진술을 광범위하게 적용합니다. 저는 그것을 제한해야만 하는데, 왜냐하면 그리스 정교회의 영향을 받는 나라들의 상황에 대해 개인적으로 알지 못하기 때문입니다. 하지만 러시아조차 유대교와 다른 종파들이 자신들의 학교를 유지하고 이들의 자녀 교육을 허가합니다. 로마 가톨릭 교회의 지배를 받는 나라들에서 사립학교가 허가되었습니다. 그중 스페인이 가장 낙후된 나라입니다. 1910년 2월 3일 자 칙령은 학교 검열을 구내 위생 상태와 도덕, 국가 및 법률에 반하는 말과 행동의 예방으로 제한했습니다. 바르셀로나 폭동, 혁명, 카날레하스[3] 내각(Canalejas ministry)의 전복을 야기한 것은 그곳에서 극도로 보수적인 정부가 사립학교들을 검열하고 심지고 폐쇄하려는 시

---

3 호세 카날레하스 이 멘데스(José Canalejas y Méndez, 1854~1912)는 알폰소 13세(Alfonso XIII) 치하의 1910년부터 1912년 암살당할 때까지 스페인의 총리를 지낸 정치가이다. 1902년 3월부터 5월까지 농업, 산업, 상무부 장관으로 잠시 재임한 후 불과 2개월 만에 사임했는데, 사가스타 내각이 약해서 "바티칸의 침략으로부터 국가 주권을 보호할 능력이 없다"고 생각했기 때문이다. 카날레하스는 총리 재임 중에 알폰소 13세의 지원을 받아 온건 보수 정책에 대한 노동 계급의 지지를 얻기 위한 여러 가지 선거 개혁을 도입했다. 가톨릭 교회 자체를 위협하지 않으면서도, 가톨릭 교육 성직주의의 과잉을 약화시키기 위해 스페인을 진정한 민주주의 국가로 만들고자 하였다. 1912년 11월 12일, 카날레하스는 마드리드 중심가의 한 서점에서 그 날의 문학 신간을 창 밖에서 바라보던 중 무정부주의자 마누엘 파르디냐스에게 총격을 당해 사망했다.

도였습니다. 다른 어떤 나라들보다 일본이 많이 모방한 독일과 유럽의 튜턴족[4] 국가의 교육체계는 사립학교를 허가하였습니다. 독일 학교 학생의 최소 6퍼센트가 사립학교에 다니고 있습니다. 소녀들의 고등교육은 거의 전부 사립학교에서 이루어지고 있습니다.

1915년 4월 2일 자 『서울 프레스』에 실린 기사에서 유럽의 상황에 대해 논평하면서, 존경하는 장학관(Commissioner)은 프랑스 법[5]을 오해했습니다. 장학관의 이러한 오해는 무리가 아니지만, 저는 실례를 무릅쓰고 오해를 바로잡고자 합니다. 그가 인용하는 1904년 7월 7일의 프랑스 법은 성직자가 회중(congregation)에서 가르치는 것을 금지하는 것이지, 사립학교 또는 특정 수도회의 회원이거나 성직자 복장을 하지 않는 이상 성직자들이 가르치는 사립학교를 금지하는 법이 아닙니다. 그들은 여전히 학교를 소유할 수 있습니다. 이 점에 관해서 저는 프랑스 공립기관 감독관이었던 가브리엘 콤파이에르(M. Gabriel Compayre)

---

4 튜턴족(Teutons)은 로마 작가들이 언급한 고대 부족이다. 일반적으로 게르만 민족 계통이라고 분류되며, 기원전 2세기 말 로마 공화정의 전쟁인 킴브리 전쟁에 참여하였다. 로마공화국에 세 차례의 참패를 안겨 주었다.

5 프랑스의 「Loi du 7 juillet 1904(Congregational Teaching Suppression Law, 법률 제1905-02호)」는 기존 프랑스 교육의 주축이 되었던 교회학교(congregation)의 궁극적 해산을 목표로 하였다. 이 법의 주요 내용은 아래와 같다.
1조. 프랑스 내 회중(congregation)에서 가르침은 금지된다. 교육 목적으로만 설립된 회중은 최대 10년 내에 폐쇄된다.
5조. 법의 공포 직후 임명된 청산인은 공공 검사관의 요청에 의해 본부 법원의 판결로 회중의 자산 목록을 작성할 책임이 있으며, 해당 자산은 그의 동의 없이 임대하거나 대여할 수 없다. 청산인은 또한 차례로 폐쇄된 기관들의 자산을 관리하고, 이 법에 따라 해산된 회중의 자산과 가치를 청산할 절차를 진행해야 한다.
당시 프랑스 정부는 교회, 특히 가톨릭 교회가 공교육에 과도하게 개입하는 것을 제한하고, 공교육을 세속적이고 중립적인 형태로 유지하려는 목적으로 해당 법령을 공표하였으나, 해당 법령을 공표한 에밀 콩브 내각이 실각하는 1905년 이후에는 실제로 적용되지 않았으며, 폐쇄된 학교 중 다수는 평신도 교사를 고용하여 지속하거나 교회와 별도로 설립된 사립학교를 세워 교육을 계속하였다.

각하가 프랑스 교육체계에 관해 1911년에 쓴 논문을 인용하려고 합니다.

"더욱이, 폐쇄된 학교의 대부분이 평신도나 재속 성직자 직원들에 의해 재개교되었다. 수도회 회원들은 성직자 복장을 민간인 사복으로 바꿨다. 1909년 6월 1일 3,069개 학교가 평신도 사립 초등학교로 재개교하였다. 992곳은 남학교, 2,077곳은 여학교였다. 사립학교들은 개인 혹은 단체에 의해 건립되어 유지되고 있다. 국가는 교과과정과 방법에 관해서는 그들에게 자유를 주었지만, 공립학교 교사들처럼 그들 교사들에게 연령과 자격에 관한 조건을 요구했다. 사립학교를 설립하는 정식 절차는 학교가 건립되는 곳의 시장에게 하는 선언으로 구성된다."(먼로, 『교육백과사전』 2권 p.662)

중등교육과 관련하여 콤파이에르 씨는 다음과 같이 진술했습니다.

"회중(congregations)의 해산, 예수회·도미니크회·오라토리오회 대학들의 금지로 인해 이들 학교의 학생 일부가 국립학교(state schools)로 보내졌다. 하지만 다수의 자유 대학의 경우, 단지 일부가 주교나 민간 협회들의 보호 아래 재개교하였고, 회중의 유산을 승계하였다. 이런 학교들에 다니는 학생들의 수는 어림잡아 50,000명이다."(먼로, 『교육백과사전』 2권 p.655)

같은 사항에 관해서 저는 우리 교수단의 F. E. 파링턴 박사(Dr. F. E. Farrington)가 프랑스 학교의 상황에 관해서 좀 더 최근에 한 진술을 인용하려고 합니다.

"회중(congregation)의 해산과 종교 단체의 통제를 받는 학교에 대한 억압에도, 사적인 통제를 받는 이런 학교의 계승자들은 여전히 공립 고등학교에서 발견되는 만큼의 학생들을 포함한다. 하지만 이런 사립학교 졸업자들은 대학이나 어떤 국립고등연구기관에 입학하기 위해서 국가가 지정한 대학입학자격시험(baccalaureate examination)을 통과

해야만 한다."(먼로, 『중등교육의 원칙들』 p.87)

(제 저작물[6]에 언급한 부분에 대해서는 용서를 구합니다. 하지만 저는 훨씬 쉽게 그 진술을 찾아낼 수 있고 권위의 타당성을 확신합니다.)

또한, 각하께서 버틀러(Nicholas M. Butler) 총장 논문의 일반적인 진술을 쉽게 오해하실 수 있다는 점을 인지하며, 미국 상황에 관련한 대신 각하의 오해를 실례를 무릅쓰고 정정하고자 합니다. 무엇보다 잘 알려져 있듯이 정부는 절대로 학교를 통제하지 않습니다. 더욱이 40개 주들 가운데 그 어떤 주도 사립학교의 설립을 금지하지 않으며 이제껏 그렇게 했습니다. 48개 주 가운데 그 어떤 주도 사립학교의 검열을 요구하거나, 국가가 그렇게 할 권리가 있다고 주장하지 않습니다. 이에 관하여 버틀러 총장 논문에 언급된 진술은 식민지 시대 초기에나, 즉 150여 년 전의 과거 상황에서나, 타당합니다.

둘째. 사립학교에서 이루어지는 종교 교육의 문제와 관련하여, 저는 대신 각하의 논문에 연관된 서구 상황들에 대한 더 많은 오역이나 오해를 감히 정정하고자 합니다. 주(州)가 아니거나 국지적 통치 단위가 아닌 미국 그 어디에서도 학교를 유지하는 이들의 견해에 따라서 사립학교에서 종교 교육을 금지하고자 했거나 금지하려고 하거나 현재 금지하는 곳은 전혀 없습니다. 그것은 자유의 근본 원칙에 대한 중대한 위반으로 간주될 것입니다. 더욱이 초등교육 등급의 사립 종교계 학교들, 소위 교구 부속학교들에 관련하여 오해가 있습니다. 이것들은 실제로 미국 모든 주에 있고, 모두 200만 명의 학생들이 다니고 있습니다. 저는 이러한 학교들을 옹호하지 않으며, 국립 학교 체계와 겨루는 대규모 교구 부속학교의 체계를 반드시 수립해야 한다고도 믿지 않습니다. 단지 저는

---

6 위의 여러 학자들이 인용한 『교육백과사전』, 『중등교육의 원칙들』 등이 모두 그의 저서이다.

이러한 학교들이 존재하며, 이런 저런 서구의 선진 국가에서 이것들을 방해하는 시도는 모두 자유의 중대한 위반으로 간주될 것이란 점을 하나의 사실로서 제시합니다. 중등학교 분야에서 미국의 모든 주에는 사립학교가 있고, 이런 특징을 지닌 학교의 대다수는 종교 교단에 의해 통제되고 있습니다.

대학과 대학교들에 관련하여 카네기 고등교육재단이 실시한 최근의 한 조사에 따르면, 공식적으로 대학이라 이름 붙여진 미국과 캐나다의 750개 기관 가운데 2/3가 종교 교단에 의해 조직적으로 통제, 운영되고 있다는 사실을 보여줍니다. 이런 통제의 형태는 매우 다양하지만, 저는 이 문제를 고찰하는 데 시간을 쏟기보다는 단지 이런 일반적인 상황을 인용하려고 합니다.

고마쓰 각하가 우리의 명문 대학의 총장 지위가 더 이상 기독교 목사 교육을 받은 남성에게 국한되지 않는다는 점을 입증하기 위해 버틀러 총장이 언급하고 인용하는 분명한 특징은 사실이지만, 그것은 추론된 것들과는 다른 이유들 때문입니다. 그것은 주로 이제 교육자라는 특별한 직업군이 발생했고, 특히 행정적인 준비를 갖춘 남성들이 지금까지처럼 성직자 직업군보다는 교직원에서 나오고 있다는 사실 때문입니다. 인용된 예일대학의 경우, 현 총장인 허들리(Hudley) 총장은 200년이란 긴 역사에서 최초의 비성직자 총장입니다. 각하께서는 또한 주립대학에서 이런 지위를 유지하고 있는 성직자에 반대하는 어떤 규제가 있다고 믿는데서 오해했습니다. 지금은 제가 기억하지 못하지만, 성직자였던 몇몇 총장들을 알고 있습니다. 이는 또한 교수 및 교직원에 적용되지는 않으며, 거의 모든 큰 학교들의 교직원에서 성직자인 남성들을 발견할 것이기 때문입니다. 예컨대 컬럼비아대학에는 기독교 목사와 유대교 랍비들이 모두 있습니다.

셋째. 저는 서구 문명의 전반적인 경향, 그리고 교육과 종교의 관계에 관련한 그것의 상황에 대해서 각하가 오해하고 있다고 생각되는 것을 실례를 무릅쓰고 다시 한번 지적하고자 합니다. 서구 사회에는 우리 대부분이 공유하는 깊은 확신이 하나 있습니다. 그것은 교회와 국가를 분리하여 교회를 국가의 통제에서 완전히 자유롭게 하며 그리고 그 반대로 국가도 교회의 영향에서 완전히 자유롭도록 하는 것입니다. 이 같은 매우 분명한 경향이 미국이 취하는 근본적인 입장입니다. 각하께서 지적하듯이, 그것은 일본에 있어서도 해당되는 사실입니다. 하지만 각하께서는 이 개념을 더 확대 발전시켜 해석하시면서 우리 서구 사회가 종교와 교육을 완전히 분리하고, 심지어 사립교육에 대한 종교적인 영향조차 완전히 배제하거나 어떤 형태로든 교육에 종교가 포함되는 것을 금지하는 식으로 이해하신다면, 저는 각하께서 서구 문명의 실제 상황을 심각하게 오해하신 것이라 굳게 확신합니다. 제가 위에서 인용했던 것처럼, 제가 알고 있는 그 어떤 서구의 나라도 사립학교에서 다양한 교파가 이해하는 방식에 따른 종교 교육을 금지하려고 하지 않습니다. 오히려 이 영역에서의 전반적인 경향은 제한이 아니라, 자유를 추구하고 있습니다.

넷째. 저는 종교에 대한 주립학교의 태도와 관련하여 미국 상황에서 도출한 논거들을 훨씬 더 구체적으로 다루고자 합니다. 미국 내 대부분의 주에서는 학교에서 성경을 독해하는 것에 반대하는 법률을 제정하고 있지 않습니다. 그러나 그러나 특정 종파의 교리를 가르치는 것은 금지된 곳이 많으며, 일부 주에서는 성경을 읽는 관행을 금지하는 사법적인 판결도 있었습니다. 하지만 한편으로는 공립학교에서 성경을 읽을 권리와 간단한 종교 의식을 허용하는 사법적 결정도 존재하며, 이는 학교에 다니는 학생들의 자유를 침해하지 않는 한 허용될 수 있다는 원칙에 따른 것입니다. 물론 일부 주에서는 보다 강력한 제한을 두고 있습니다. 예를 들어 미시시피처럼 주 헌법에 공립학교에서 성경을 읽는 것을 제한하는 조항을 명시한 경우도 있습니다. 따라서 미국 대학에서 종교 교육의 배제에 대한 각하의 언급은 부분적으로는 정확합니다. 심지어 종교 교단에 의해 운영되는 대학 가운데서도 종교 과목을 필수로 지정하는 경우는 거의 없으며, 그나마도 소수의 대학들에서 일일 예배 참석과 같은 기본적인 종교 활동을 제외하면 강제되지 않습니다. 특히 대형 대학들, 그리고 모든 주립 대학에서는 종교 교육이 완전히 자율적으로 이루어집니다. 여기서 다시 한번 강조되는 원칙은 자유의 보장이지, 규제나 강제적 배제가 아니라는 것입니다.

이런 점에서 저는 나아가 서구의 다른 문명국가의 관행을 추가로 인용하고자 합니다. 각하께서도 알고 계시듯이, 독일과 튜턴족 국가들, 사실상 프랑스를 제외한 모든 대륙 국가들은 학교 교육에 종교 교육을 포함시킵니다. 게다가 이런 튜턴족 국가들에서는 특정 종파가 학교의 주된 종교적 성격을 형성하더라도, 학교의 학생이 그 학교 교단 외의 종교를 가졌을 경우에는 해당 교단의 성직자가 학교에 가서 가르칠 수 있도록 하였습니다. 동일한 상황이 미 대륙의 21개 국가 중 19개 국가에서 널리 퍼져 있는 것을 확신합니다. 그것은 브라질과 미국이 예외일 뿐입니다. 위에서 말씀드린 것 처럼, 우리 미국의 관습은 이것에 반대하며, 언제나 그래왔으나, 이것이 사립학교에 적용되지는 않습니다.

다섯째. 그리고 마지막으로, 저는 이 문제와 관련하여 근본적인 것이라고 생각하는 것과 우리 서구의 나라들에서 우리가 사립학교들을 건립하고 유지하는 이런 권리를 철저히 보호한 이유를 감히 지적하고자 합니다. 물론 영국에서 그와 같은 권리들의 위상이 미국의 그것보다 훨씬 강하다고 알려져 있습니다. 영국과 미국에서, 그리고 약간 낮은 정도로 튜턴족 국가들에서 상당한 교육적 진보가 이런 사립학교들의 주도권 행사를 통해 이루어졌습니다. 저는 유치원, 수공예 교육, 직업 교육, 대부분의 과학적인 교육, 맹인과 농아 교육, 다양한 약자들와 비행자에 대한 교육적 치료, 부연하자면 사실상 교육적 관행에 거의 모든 새로운 특징이 사립학교에서 시도되고 증명된 덕택으로 공립학교 체제에 들어왔다는 점을 지적하고자 합니다. 달리 말하자면 사립학교, 나아가 비공립학교의 존재는 진보의 필수조건입니다. 이것은 그저 모든 발전과 성장의 기저에 있는 근본적인 자연법과 조화를 이룹니다. 그런 진화는 변화의 선택에서 나오고, 만약 국가가 이런 변화의 자유를 허용하지 않는다면 진보에 대한 희망은 거의 없을 겁니다.

이와 관련하여 저는 감히 일본 교육체계를 비판하는 대부분의 외국인들이 그것의 가장 취약한 부분으로 비록 그것이 현재 가장 강한 힘을 제공하는 듯한 것일지라도 절대적인 획일성, 엄격한 규제, 다양성의 규제 경향을 지적했음을 매우 공감하면서, 그리고 선의를 가지고 말하려고 합니다. 그리고 우리 대다수가 단순히 서구 국가의 교육체계에 존재하고 느끼는 보다 많은 자유를 염두에 두지만, 그들 대다수는 또한 좀 더 근본적인 것, 즉 진보와 성장이 결국 이런 권리 혹은 활동에서 약간의 다양성을 위한 여지에 의존한다는 점을 염두에 둡니다.

제가 보기에 선교사 교육자들이 조선총독부가 만든 다음의 요구 조건들에 반대할 수 있을 것 같지 않습니다.

첫째. 모든 학교는 최소한의 교과과정 필요조건을 제공해야만 한다. 이것은 정부 교과과정의 필수 요소들이나 정부가 요구하는 것 모두를 포함한다.

둘째. 그들은 교과과정에 관해서뿐만 아니라 위생 조건과 다른 문제들에 관해서도 정부 기준을 따르고 있는지를 파악하기 위한 학교 검열에 복종해야만 한다.

셋째. 종교계 학교 졸업자들은 의학, 법학, 공립학교 교사와 같은 다양한 직업군에 진입하거나 혹은 다른 정부 직책에 진입하려면 정부 기준을 따라야만 한다.

넷째. 교사들 또한 최소한의 정부 기준을 따라야만 한다. 저는 이것들이 공립학교와 사립학교가 동일해야 한다고 믿지 않지만 말입니다.

저는 정부가 위에 언급한 조건들 가운데 일부 혹은 전부를 적절하게 요구할 것으로 봅니다. 물론 우리 미국은 분명하게도 전혀 그렇게 하고 있지 않습니다. 미국의 주 정부들 중 그 어떤 곳도 이러한 모든 조건을 요구하지 않으며, 극소수를 제외하고 유럽 정부들 중에서도 이런 조건들 전부를 따르라고 요구하는 경우는 없습니다.

또한 한국의 위치, 한국의 전반적인 상황, 그리고 일본 제국의 전진기지로서 한국의 중요성이 그곳에서 그 조건들을 어느 정도 이례적인 것으로 만든다는 점을 인정해야 합니다. 저는 일본 제국이 한국인의 이익을 위해서 뿐만 아니라 제국의 안전을 위해서 스스로를 보호하고 일본 국민의 발전을 담보하는 권한이 전적으로 허용될 것이라고 생각합니다. 그렇지만 제가 보기에, 대신 각하께서 다른 나라들에서 존재했거나 현재 존재하는 교육에 대한 정부 통제의 문제를 오해했기 때문에 이 문제에 대해 각하의 적절한 주의가 요청되고, 그런 극단적인 행동이 위에서 강조된 관점에서조차 진정 필수적인 것인지의 문제가 제기되었습니다. 알자스 로렌에서도, 분단된 폴란드에서도, 다른 어떤 나라에서도, 제가 최근까지 알고 있는 한, 이런 통제는 한국에서만큼의 이런 새로운 규제들에 의해 제안된 정도까지 실행되지 않았습니다.

이 편지가 좀 과도하게 길어지게 된 점은 송구합니다만, 제게 이 문제는 매우 근본적인 문제로 생각되어 이렇게 자세히 적게 되었습니다. 제가 일본인에게 오랫동안 우호적인 태도를 가져온 사람이라는 점에 대해 다시 상기시켜드리고자 합니다. 오쿠마 백작(Count Okuma)[7] 각하께서는 저를 당신 집에 초대하는 대단한 영예를 베풀어 주셨고, 일본인에 대한 저의 우정과 일본 문화에 대한 저의 찬미를 확신하고 있다고 생각합니다. 일본의 여러 저명한 교육자들 또한 제가 일본에 대해 품고 있는 호의와 존경심에 대해 고마쓰 각하에게 동일한 확신을 줄 수 있습니다. 컬럼비아대학에서 이루어지는 제 수업에서, 저는 학생들에게 매년 니토베[8] 박사의 『무사도(武士道)』[9]를 읽도록 합니다. 이는 학생들에게 우리 동양인 이웃들의 이상을 좀 더 호의적으로 이해시키기 위해서입니

---

7 1898년과 1914년에 일본의 총리대신을 역임했던 오쿠마 시게노부(大隈重信, 1838~1922)를 가리킨다. 젊은 시절 난학(蘭學)을 배웠으며, 나가사키 여행 중에 귀도 베르벡이라는 네덜란드 선교사를 만나 영어를 배웠고, 신약 성경과 미국 독립선언문 사본과 과학에 대한 책을 받아 읽고 영향을 받았다. 1882년에 와세다 대학을 설립하였다. 1888년 외무대신으로 복귀하여 서양 열강들이 일본과 맺은 불평등 조약을 개정하는 데 집중하다가, 반대파 겐요샤(玄洋社)에게 폭탄 테러를 당해 다리 하나를 잃었다. 이 편지가 오가던 1915년 이듬해에 후작(侯爵)으로 승격되었다.

8 니토베 이나조(新渡戸稻造, 1862~1933)는 일본 메이지 시대와 다이쇼 시대에 걸쳐 활동했던 사상가이자 농경제학자, 교육인, 외교관, 정치인이다. 삿포로농학교(현, 홋카이도대학)을 졸업하고 미국 존스 홉킨스 대학교에 유학하여 퀘이커 교도가 되었으며, 독일 할레 대학교에 유학하여 농경제학 전공으로 박사학위를 받고 돌아와 삿포로농학교 교수에 취임하였다. 당시 일본에서 가장 권위있는 국제주의자였고, 구 5,000엔권 지폐의 인물로 오늘날까지도 그 명성을 지니고 있다.

9 서양인 친구에게 "서양에서는 종교 교육에 의해 도덕 교육이 이루어지는데, 일본은 어떤 방식으로 도덕 교육이 이루어지는가?"라는 질문을 받고 대답을 고민하다가, 니토베 이나조가 1900년에 일본의 전통적인 사무라이 정신이었던 부시도(武士道, 무사도)가 바로 그것이라는 내용으로 집필한 책이다. 영어로 집필한 이 책이 일본인이 쓴 최초의 전세계 베스트셀러가 되었으며, 후에 일본어로도 번역되었다.

다. 그리하여 해마다 미국의 영향력 있는 학생들 수백 명이 일본에 대한 이해와 호감을 쌓고 있는 것입니다. 만약 당신이 고마쓰 각하께 교육에 대한 제 생각과 그것의 현재 경향들에 대한 제 의견을 확인시키고자 한다면, 각하로 하여금 교육사에 대한 제 책의 일본어 번역본을 참조하도록 해도 됩니다. 그 책은 오쿠마 총리대신 각하께서 회장으로 있는 대일문명협회가 출판한 총서에 포함되어 있습니다.

진심으로,

폴 먼로(Paul Monroe)

특정한 종파 혹은 종교를 믿는 학생들이 다른 신앙을 가진 학교에 입학하는 것을 불가능하게 만들거나, 세키야 씨가 「나가사키 프레스」에 쓴 기사에서 넌지시 비추듯이 "그들에게 자신의 신앙이 아닌 신앙을 믿게끔 강요하는 것"은 선교위원회의 희망이 아닙니다. 선교사들은 누군가에게 기독교인이 되라고 강요할 수 없고, 그렇게 할 수도 없습니다. "교육의 목적이 획득되고 종교적 자유가 보장되는 것은 오직 두 세력 간의 경계가 분명하고 타인의 영역을 침해하지 않을 때"라는 진술은 미국과 영국 두 나라 모두에서 경험한 확실한 결과에 반합니다. 한국에서 기독교계 학교를 운영하고 있는 이들 나라의 기독교인들은 교육과 종교가 완전히 양립할 수 있을 뿐만 아니라, 그것들이 분리할 수 없게 연관되어 있다고 주장합니다. 처음부터 교육은 아시아에서 펼치는 선교사업의 중요한 부분이었습니다. 일본뿐만 아니라 중국, 인도, 다른 나라들에서 전개된 그 사업의 역사가 풍부하게 입증하듯이 말입니다.

만약 조선총독부가 선교위원회가 유지하는 사립학교에서 기독교를 가르칠 수 있게 한다면, 불교도들이 유지하고자 하는 학교에서 불교를 가르칠 수 있게 해야 한다고 합니다. 우리는 이것에 조금도 반대하지 않습니다. 선교사업은 어떤 특별한 호의를 요구하지 않고, 오직 절대적인 종교적 자유만을 원합니다. 일본 제국 정부가 기독교와 불교 양자를 모두 제국의 종교로 인정했기 때문에, 우리는 왜 어느 쪽 신앙이든 그 신봉자들이 정치적 자유뿐만 아니라 교육의 자유를 허락받지 못하는 지를 이해할 수 없습니다.

이렇게 국제 정세의 불안이 가득한 이 불행한 시대에, 저는 일본 제국 정부가 서로 다른 역사적 배경을 지닌 국민을 흡수하려는 노력에 포함된 정치적 문제의 특수성을 충분히 인식하고 있습니다. 특히 일본 제국이 중국뿐 아니라 여러 유럽의 강대국들과도 접촉하는 지역이라는 점에서 더욱 그러합니다. 그렇지만 저는 교육과 종교의 자유에 어떤 제한을 가하는 것은 이익을 얻기보다는 오히려 국가의 진정한 이익에는 손해를 끼친다는 점을 다른 국가들의 역사와 경험이 확실하게 입증한다고 믿습니다. 한국의 공립학교는 국가를 위해 학생을 훈련시키고자 하지만, 기독교계 학교는 기독교적 특성 인격의 고귀한 유형을 위해 그들을 교육시키고자 합니다. 그리고 저는 각하께 그런 특징과 인격이 교회뿐만 아니라 국가를 위한 가장 튼튼한 기초를 형성한다는 점을 상기시킬 필요가 없습니다. 저는 이토[10] 공작(Prince Ito) 전하의 공개적인 진술을 종종 인용했습니다.

개혁[11] 초기 일본의 원로 정치가들은 특히 기독교에 대한 불신 때문에

---

10 고종을 협박하여 을사늑약을 체결시키고 일본 제국의 내각총리대신을 거쳐 초대 조선통감으로 부임했던 이토 히로부미(伊藤博文, 1841~1909)를 가리킨다. 국장(國葬)을 치르면서 공작(公爵)으로 추증되었다.
11 메이지 유신(明治維新, 1868~1871)을 가리킨다.

종교적인 관용에 반대했다. 그러나 나는 믿음과 전도의 자유를 위해 열렬하게 싸웠고, 결국 승리했다. 내 추론은 이것이었다. 문명은 도덕성에 의존하고, 최고의 도덕성은 종교에 의존한다. 따라서 종교는 관용되어야 하고 장려되어야 한다는 것이다.

만약 제가 한국의 사립학교들에서 종교와 교육의 분리를 시행하는 것이 의심할 바 없이 다음의 결과를 낳을 것이란 사실을 숨긴다면, 각하께서 이 주제에 관해 제게 글을 쓰면서 보여준 친절한 솔직함에 대한 충분한 답례가 아닐 것입니다.

첫째. 현재 한국에 있는 수백 곳의 기독교계 학교가 마비되거나 폐쇄될 것이며, 이들의 확장을 위한 계획이 강제로 폐기될 것이며, 목사와 복음 전도자, 다른 지도자의 훈련을 위해 이들 학교에 의존하는 선교 사업이 마비될 것입니다. 미국과 영국의 기독교인들은 종교가 건전한 교육의 필수적이고 불가결한 부분이라고 확고하게 믿습니다. 또 그들이 그리스도의 이름으로, 그리고 성경을 교과과정에 포함시키고 학교 사업과 관련하여 종교적인 행사를 집행할 무제한의 자유를 가지고 그렇게 할 수 없다면, 그들은 어떤 나라에서든 학교에 돈을 지출하는 것을 그들의 의무로 생각하지 않습니다. 그 어떤 재정적인 배상도, 그것이 아무리 많은 액수라고 해도, 선교위원회에게 그들이 한국에서 펼친 사업 전반에 미친 통탄할 결과를 상쇄하지 못할 것입니다. 왜냐하면 오랜 경험상 종교가 배제된 학교가 교회 없이는 존속할 수 없는 본토박이 기독교 지도자들을 배출할 수 없다는 것을 명확하게 증명하기 때문입니다.

둘째. 그 조치는 미국과 영국의 기독교인들에 의해 조선총독부가 미국과 영국, 캐나다 사람들이 한국사람들의 진보를 위해 쏟고 있는 그런 관대하고 전적으로 이타적인 노력들을 비난하는 것으로 해석될 것입니다.

셋째. 그러한 조치는 한국의 교육체제를 미국이나 영국과 같은 나라들이 행하고 있는 최선의 교육 정책과 조화되지 않게 만들 것입니다. 그런 국가들은 교육과 종교를 결합하는 사립학교들에 무제한의 자유를 주고 있습니다.

넷째. 그 조치는 우리가 교육 및 종교의 자유를 보장하는 것을 일본이 금지로 여겼다고 믿어온 것을 부정하는 것과 다름없으며, 이는 정부로부터 지원받지 않는 미국과 영국의 학교에서 보편적으로 실천되는 교육과 종교의 자유에 대한 거부와도 같은 맥락일 것입니다. 성경을 가르칠 수 없는 학교가 교육의 자유를 누린다고 볼 수는 없으며, 자체적인 학교를 가질 수 없는 종교도 결코 자유를 가졌다고 볼 수 없습니다.

다섯째, 그 조치는 세계의 개화된 국가들 사이에서 일본이 차지하는 위상에 중대한 영향을 미치고, 서구 국가들에 있는 일본의 여러 친구와 지지자들에게 심각한 고민을 안겨줄 것입니다. 그들은 오랜 세월 동안 일본이 통치하는 곳은 어디에나 완전한 종교적 자유가 크게 인정한다고 널리 말해왔습니다. 각하께서는 이미 제가 저의 입장을 밝혀 공표한 여러 글들을 보신 적이 있으실 것입니다. 한때 한국의 점령을 둘러싸고 벌어진 일본과 러시아 간의 전쟁에서 저는 일본이 러시아가 거부하는 종교와 교육의 자유에 찬성하기 때문에 일본에 기본적으로 공감한다고 하였습니다. 조선총독부의 이러한 결정은 당시 저희의 찬성 입장이 틀렸다고 부인하는 것입니다.

법령 24호에 있는 특정한 조항들처럼, 제가 걱정할 수 밖에 없는 일부 세부적인 문제들이 있습니다. 하지만 그것들은 이 편지가 이미 꽤 길어졌고 제가 논의하고 있는 특정한 문제에 국한되어 있기 때문에 다른 기회에 논의되어야만 할 것입니다. 만약 관련 법령과 훈령, 법규들이 기독교계 학교들에게 그들이 이제껏 누려왔던 자유를 계속해서 행사할 수 있는 정도로 수정된다면, 그것은 우리와 일본의 많은 친구들에게 대단한 위안이 될 것입니다. 우리는 선교위원회에 새로운 법규들에 순응할 10년을 제공하는 데 함축된 고려를 기꺼이 인정합니다. 하지만 각하께서는 만약 법규들이 그때 시행된다면 불행한 결과가 즉각 감지될 것이란 사실을 인식할 것입니다. 그리고 그것은 필연적으로 우리의 교육 계획들을 파괴할 것입니다. 우리 선교사업의 필수적인 부분을 지정된 날짜에 중지하라는 명령은 지극히 중요한데, 왜냐하면 그 날짜가 지금부터 10년이기 때문입니다. 우리는 만약 우리가 그 기관들이 운영되고 있는 목적의 핵심적인 부분을 단념하지 않는다면 쓸모없게 될 기관들을 위해 미국의 기증자들이 토지와 건물에 투자하리라고, 혹은 능력 있는 교육자들이 한국에 올 것이라고 논리적으로 기대할 수 없습니다.

저는 각하께 굳이 상기시키지 않아도, 선교위원회가 한국에서 학교를 유지하는 데에 그 어떤 이기적인 목적도 없다는 점을 아시리라 생각합니다. 그들은 자신들의 이익에 대한 생각은 전혀 갖지 않은 채 오직 한국인들에게 선을 행하고자 하는 유일한 목적을 위해 많은 시간과 돈을 들여 헌신하고 있습니다. 가능한 모든 면에서 총독부와 협조하는 것은 우리의 진정한 바람이며, 이에 대해 아무런 조건이 없음을 보증합니다. 그러나 예외가 있다면 우리의 종교사업을 교육, 복음, 의료, 출판의 네 가지 상호 연계된 방식으로 수행할 자유를 보장받고자 하는 것입니다.

각하와 조선총독부의 다른 고위 관리들의 특징인 개방적인 태도와

높은 의무감을 알고 있는 저는 각하께서도 제게 바라셨으리라 확신하면서 자유롭고 솔직하게 글을 썼습니다. 저는 기꺼이 스스로를 일본 정부와 일본인에게 따뜻한 호의를 가지고 있고 가능한 한 모든 면에서 한국인의 복지를 증진하는 데 협조하려고 하는 사람으로 간주합니다.

　다시 한번 각하의 호의에 감사드리고, 저에게 베풀어주신 고귀한 헤아림을 확신하면서.

　　영광과 진심으로,

아서 J. 브라운(Arthur J. Brown)

[Letterhead]

June 16, 1915.

To His Excellency M. Komatsu,
Director of the Bureau of Foreign Affairs,
Seoul, Chosen.

My dear Mr. Komatsu

As Your Excellency knows from my acknowledgement of May 18th, I received in due time Your Excellency's letter of April 8th, enclosing an English translation of certain Ordinances and Instructions recently issued by the Government-General of Chosen regarding private schools, Your Excellency's article on Ordinance No. 24, entitled "Revision in Regulations for Private Schools", and copies of the Seoul Press of April 2nd and 3rd, containing Your Excellency's articles en the "Separation of Education and Religion." As these Ordinances and Regulations affect the educational work and plans not only of the Board with which I am officially connected but of all the Mission Boards having work in Chosen, and as I assumed that Your Excellency intended to notify them through me of the character and scope of the Government's requirements, I have consulted with the available members of the Committee of Reference and Counsel, whose names appear upon this letterhead, and who as a Committee represent the Mission Boards of various denominations in North America, I have advised also with a few educators of international eminence whose opinions are of large value. It was agreed in our Committee that the Sub-Committee of which the Rev. Dr. Frank Mason

North is Chairman should correspond with the Boards directly concerned, and that meantime, I should write to Your Excellency, as I now do, the letter being personal, like Your Excellency's to me, but written with the knowledge and approval of others who have a right to know of the correspondence.

I deeply appreciate Your Excellency's kindness in sending to me such important documents. I am impressed by the evidence of careful study of the subject and by the clearness and strength with which the conclusions are set forth. Our interest is naturally very great, and I wish most heartily that I could have an opportunity to discuss the matter in a personal conversation. As Your Excellency is aware, the Mission Boards are maintaining many schools in Chosen, and expanding upon them and the support of the missionaries who conduct them, a very large sum of money. Plans have been made for the better equipment of some of these schools and in particular for the development of a Union Christian College in Seoul. The Boards were led to make these plans, partly because of our conviction that the interests of the people of Chosen require the best type of Christian education that it is possible for us to aid them in securing, and partly because of our hearty desire to comply with the reasonable wishes of the Government-General of Chosen that all schools, including those conducted by the Missions, should be worthy of respect from the viewpoint of satisfactory educational standards. Your Excellency may recall that when I was in Chosen in 1902, I conferred with you of this subject, and also with the Director of the Bureau of Education, and you have doubtless been informed that when the present Director, The Honorable Teisaburo Sekiya, was in the United States last year, I had pleasure in inviting a number of distinguished missionary leaders to meet him at luncheon and that there and in a subsequent conversation in my office the matter was carefully discussed. I need, therefore, only repeat here that the Boards most cordially recognize the undoubted right of the Government to inspect all schools, to insist that they shall do good work, and to impose suitable qualifications for students who are to practice medicine or enter Government service. The Boards would not countenance for a moment any instruction that would be inconsistent with entire loyalty to the constituted authorities of the country in which car work is conducted.

It might not be proper for me to write in detail regarding all of the Ordinances, Instructions and Regulations, for I do not profess to be an educational expert and I recognize the fact that the Government-General of Chosen is entirely within the limits of its own authority and discretion in making such rules as it deems suitable for schools which educate the children of its own subjects. I may only say that a considerable number of the rules impress me as excellent. Regarding others, my mind is not so clear. Much would depend upon the construction that may be placed upon them by future officials who will be charged with their application. The language of some of these articles is susceptible of an interpretation that might cause serious concern. Perhaps such an interpretation will not be placed upon them, and I gladly admit that we should assume that the policy that has been pursued thus far by the Imperial Government of Japan and the Government-General of Chosen raises a reasonable presumption that an equally broad policy will be pursued in the future. Indeed, some missionaries have assured me that this is likely to be the case.

Nevertheless, we cannot read without grave concern the specific statements that have been issued, and which appear to involve a restriction of the liberty that mission schools have been hitherto accorded.

We note such statements in the pamphlet, entitled "the Chosen Educational Ordinances and Various Attendant Regulations", in Your Excellency's articles in the Seoul Press, and Mr. Sekiya's reported statement in The Nagasaki Press of March 30th, where he ayes:

"Education and religion will be able to attain their respective aims by each being pursued in its own special way independent of the other. If they are mixed together, students who believe in a certain cult or religion will be unable to enter schools of different faith, or they will be forced to believe in a faith which is not their own, or in other cases, they will be forced to abandon the faith in ehich they believe. In this way, freedom of belief will be hampered and the progress of education impeded in no small degree. The authorities are very appreciative of the valuable contributions made by religious schools in Chosen to the development of civilization and education, but they cannot allow the present state of education in Chosen to continue for long, for if they do, those evils above referred to, resulting from the mixing up of education and religion, are sure to appear sooner or later. It is with the purpose of preventing those evils that the revisions of Regulations for private schools have been affected. By these revisions, private schools giving common, industrial or special education in Chosen are required to fix their curricula in accordance with regulations controlling public common schools, higher common schools or Government special schools, it being also prohibited to them to include any course of study other than those authorized by those regulations. In other words, no matter what name of kind, common, industrial or special schools are required to conform to the system regulated for them. In consequence, in all those schools it is prohibited to give religious education or observe religious rites."

Such declarations naturally cause no small concern to the friends of

Christian education. Your Excellency will understand the effect which they are likely to have upon the desires of the Boards to raise large additional sums for education in Chosen, including the new College in Seoul, as they apparently indicate an abridgement of the freedom of these schools in religious matters. We have been proceeding upon the supposition that the primary concern of the Government-General of Chosen related to the grade of educational work, and that in other respects, private schools would have the same liberty that similar schools enjoy in Great Britain and America.

We are aware that the Japanese Imperial Government regards education as a function of the state, or, to use Your Excellency's words, "education must be nationalistic." If this be understood as implying that the State should not be indifferent to the education of its people and that it should provide free schools, it is in entire accord with the best educational practice of the world and with the principles which underlie the American and British public school systems. In America and Great Britain, however, this recognized responsibility of the State extends only to the provision of public institutions for free education and to their regulation; it does not extend, nor is it believed that it should extend, to the regulation of private schools. The free public schools are supported by general taxation for those who wish to attend them, and in most states the law compels children of school age to attend some school. But the school attended can be private or public at the option of parents and pupils. Citizens must pay school taxes whether they patronize public schools or not, for these schools are regarded as a public benefit and necessity. But if citizens, in addition to their taxes, wish to incur the extra expense of sending their children to private schools, the Government interposes no objection whatever.

Your Excellency's article in the Seoul Press states:

"There are of course private colleges and universities, (in America) but common education is entirely managed by the Government. The curricula of schools ranging between those giving elementary education and those giving higher education are arranged by the Government and include no religious teaching. It is true, however, that certain religionists and religious bodies have established private colleges and universities; but the aim they had in founding these institutions was not the propagation of their religion but the promotion and spread of education itself. As it is, with the exception of theological schools aiming at the study of religion, no school in the United States gives religious teaching."

Your Excellency has not been given accurate information on this subject. As a matter of fact, there are not only private colleges and universities maintained by the churches or by members of the churches, but there are a great many private schools of lower grade, including kindergartens, primary schools, grammar schools and high schools. All these private schools of every grade have absolutely no relation to or supervision by the Government. The public schools are maintained by the State, are closely supervised by it, and exclude religious teaching, although some of them permit the reading of the Bible and an opening prayer. Private schools, however, are entirely free to teach what they like and how they like, religion included, the Government giving itself no concern regarding them and making no regulations for them, although it freely grants them charters to enable them to hold property as legally incorporated bodies. My own sons and daughters were educated in such private schools. While the masses of the people send their children to the public schools, a very large number of the well-to-do classes send their children to private schools, partly because they believe that sound education includes religion and they wish their children to be trained in the schools which recognize it and teach the Bible, and partly because many of these private schools do a higher grade of educational work than the public schools. This latter fact of itself is significant; namely, that with no regulations of the State to enforce a standard, private schools are doing the highest grade of educational work in the United States. The Government acts upon the supposition that the law of competition is an adequate protection. These private schools are numerous, and as they uniformly charge tuition fees, usually rather high fees too, while public schools are free, the private schools must offer superior educational as well as religious advantages in order to get students. Our American experience, therefore, is that the State runs no risk whatever from private schools.

Your Excellency has also been misinformed regarding "religionists" on the teaching staff of American schools of the best grade both public and private. A large majority of the teachers, professors and presidents in American institutions are Christians, and a considerable number are clergymen. The President of Princeton University is a Presbyterian clergyman. President Hadley of Yale University, whom you mention, is indeed not a clergyman, but no one who knows him would ever think of speaking of him as "not connected with religion" for he is active es & Christian layman. He maintains regular preaching services in the University Chapel, often preaching himself, and is widely known as one of the most influential Christian leaders of America. In like manner, Dr. Woodrow Wilson, now President of the United States, was, when President of Princeton University as he is today, an elder in the Presbyterian Church and he held religious services in the University Chapel. I could give Your Excellency a very long list of presidents and professors in the best private and public colleges and universities of the United States who are devoted Christian men, while in nearly all of the private schools, like the Hill School, Pottstown, Pennsylvania, the Hotchkiss School, Lakeville, Connecticut, Blair Academy, Blairsville, New Jersey, the Groton School, Groton, Massachusetts, the Philips Academies at Andover and Exeter, and hundreds of others, the Bible is in the curriculum and attendance upon religious services is compulsory. Indeed, most of the American private schools will not employ a teacher who is not a professed Christian and a member of a Church.

In short, the American plan is one of absolute freedom in education. The State maintains public secular schools at great expense for the multitudes who want them are cannot afford private schools; but Churches or voluntary groups of Christian individuals can found and conduct private schools without the slightest difficulty and make religion as prominent as they choose.

These statements are substantially true of British educational policy. The best schools in Great Britain, including not only oxford, Cambridge, and the Scotch Universities, but such secondary schools as Eton, Rugby, Harrow and scores of others, though popularly called "public schools", are not Government schools but are privately controlled and are subject to no Government relation whatever, although the Royal Family and the high officers of the Government have educated their sons in these schools for generations. Many of their teachers are ordained clergymen of the Church of England or the Church of Scotland, and nearly all of the others are communicant members of those Churches. Religion is freely taught in all these schools, and many of the best Bible commentaries, devotional volumes and other religious publications of the whole Christian world have been prepared by the members of the faculties.

As the Ordinances, Instructions, Regulations, and Your Excellency's articles have been published and therefore are not private, I have sent copies to a few of the most distinguished educators in America together with a preliminary draft of my reply, and asked for their opinion as to the accuracy of my statement that private schools in the United States are free to teach religion. I append their replies:

Dean James E. Russell, LL.D., of the Teachers College, Columbia University, New York, writes:

"I am greatly surprised that the Japanese Minister of Education, who is usually so well informed on matters educational in this country, should make the mistake of thinking that there are few private schools in this country, and that the teaching of religion is debarred from them. As a matter of fact, no State in this Union places any restrictions whatever upon private schools. The latest report of the United States Commissioner of Education states that there are 1,647,104 pupils reported from private schools. This figure is undoubtedly low, because private schools with us are so free that they do not even have to report to the Government.

As for the teaching of religion, private schools throughout this country are free to do as they please. I have never heard of restrictions being put upon any sect whatever, Moreover, in many of our states the teaching of religion in nonsectarian forms is permitted in the public schools, and in others specific provisions are made whereby pupils in the public schools are permitted to receive instruction by teachers of their own faith in connection with their regular school work, this teaching in some instances being carried on in the public schools building and in other cases the children go to near-by churches. The one stand taken generally in this country is that Bectarian teaching shall not be supported at public expense, whereas any form of religious instruction may be carried on at the expense of those who desire to promote it.

Sincerely Yours,

James E. Russell."

President Arthur T. Hadley, LL.D., of Yale University, writes:

"I have read with interest the papers submitted by Mr. Komatsu and the draft of your reply. The lines of this draft seem to me most excellent. You are quite right in indicating that Mr. Komatsu's impressions regarding religious instruction in America are erroneous. If the Japanese Government continues to take the position which it does in the papers in question, we have, I am afraid, no defense against their proposed action except to withdraw capital from educational enterprises in Korea and in other places under Japanese influence; but the Government should not be allowed to force such withdrawals on erroneous grounds. Feeling as I do on this last point, I am not sure that any letter, which I could write to you would be of service with Mr. Komatsu. You can judge of the situation far better than I can. You certainly have full permission to tell him or show him anything that I write you.

Very sincerely,

Arthur T. Hadley."

Chancellor Elmer E. Brown, LL.D., of New York University, writes:

"I am deeply interested in the question regarding public and private schools in Chosen, which was discussed in our recent conference. It seems to me of importance that the general attitude of our public authorities toward private education in this country be well understood, and the matter is one that may easily present some difficulties to any student of educational administration who has not himself been brought up under the American system.

It is doubtless generally known that we have no National system of educational administration in this country. Our school systems are the systems of the several states. They are pretty generally of one type, yet there are minor variations among them. One National office, the Federal Bureau of Education, while exercising no authority over these systems, collects and distributes information concerning them all.

The latest published report of the Federal Bureau of Education, covering the statistics of state school systems for the year 1911-12, shows a total enrollment in public schools and colleges of all grades of 18,376,257. The same year there were enrolled in private schools and colleges of all grades 1,902,183. The figures for the same year for elementary schools are as follows: Public elementary schools, 17,707,577; Private elementary schools, 1,505,637. For secondary schools, the figures for the same year were as follows: Public secondary schools(high schools), 1,126,791; Private secondary schools, 211,256. These figures for elementary and secondary schools are included in the figures for all grades as given above.

The situation in this country may be illustrated further by reference to the statistics of two of our leading state school systems. The lates published report for the State of New York, that of the year 1912-13, shows a total enrolment in [illegible] schools and colleges of all grades regularly reporting to the State Education Department, of 1,956,365. Of these, 1,329,925 wore in the public elementary schools, and 180,010 in the public secondary schools. According to the same report, it is estimated that in addition to the above, there were 225,000 pupils enrolled in private schools of different grades.

For the State of Massachusetts, the statistics are at hand for the year 1913-14. These show that there were enrolled in the public elementary schools of the State 576,510 pupils, and in the private elementary schools of the State 114,192. At the same time, there were enrolled in the public secondary schools of the State(high schools), 76,620, and in the private secondary schools (academies, etc.), 7,429.

Back of these statistics lie considerations of fundamental importance touching the educational policy of this country. It is a well-settled American practice to provide free education at public expense for the children of all of the people who do not choose for their children some other form of education. The teaching in these public schools is non-sectarian in character and for the most part non-religious, although not anti-religious. As it appears from the statistics which I have recorded above, approximately nine-tenths of our pupils are educated in such schools. At the same time, it is also a fundamental tenet of our American system that there shall be freedom of education. As appears from the figures quoted, about one-tenth of our pupils are educated in private schools or schools carried on by certain religious denominations. Our compulsory attendance laws, which are found on the statute books of the most of our states, permit of the satisfaction of their requirements by attendance of pupils on schools other than those publicly provided.

The significant fact in view of the discussion of the situation in Chosen is that in the most of these privately conducted Schools religion is taught. A large proportion of these schools are carried on by one or another religious denomination, or by the adherents of such denomination, and denominational doctrines are systemically and freely taught in such schools. In other private schools, religious doctrine is taught in more general and less rectarian terms; while in a relatively small number of such schools the teaching is conducted on a non-religion basis, substantially the same as that which obtains in the pubis schools.

It should be added that while this freedom of religious teaching in the schools directly affects only about one-tenth of our school population, the freedom to conduct education along such lines is a vital element of our educational system. It has also this great public advantage which is widely recognized: That it leads to the education of our people a variety, a flexibility, and a freedom for both conservative and radical initiative which is thoroughly in accord with the constitution of our society, and undoubtedly adds much to the enrichment of the American character.

I have written somewhat at length regarding this matter, because it has always interested me deeply, and because I believe it will contribute to a true understanding of American education that the facts regarding this situation should be clearly presented on any suitable occasion.

Very sincerely yours,

Elmer E. Brown."

I have also conferred with Professor Paul Monroe, Ph.D., LL.D., Professor of the History of Education in Teachers College, Columbia University, New York, whose high authority in the educational world has been recognized, as Your Excellency is doubtless aware, by the honors that were given him during his visit in Japan and by the translation, by the Japanese Society for the Advancement of Civilization, of his notable volume on the History of Education. He manifested deep interest in the subject, read all the documents that Your Excellency sent to me, and, at my request put his views in writing as follows:

"My dear Dr. Brown:

Herewith I answer your inquiry of June 10th and make some comments on the communication from His Excellency, Mr. Komatsu, Minister of Foreign Affairs and Governor General of Chosen. I am much interested in doing so -First, because of my friendship for the Japanese people, my respect for the great work which they have done and are doing, my admiration for their culture, and the intense desire that I have that they take no action which would alienate the sympathy of the western nations; Second, because of my belief that the mission schools have something definite to contribute to the life and the advance of the Orient.

May I preface my remarks by saying that I am familiar with the work of the Japanese schools by actual visitation and believe that Japanese education has something to contribute to American education just as their culture has something to contribute to ours, and just as I believe that the Occident has something very definite to contribute to the Orient.

The position taken in these regulations governing private schools by the Governor General of Chosen is so radical that I am convinced that His Excellency, the Minister, was quite misinformed concerning the status of education in western countries, and it is only that his misinformation may be set right that I take the liberty of commenting quite specifically upon his interpretation and comments of these regulations.

First - may I state that I do not believe that there is any country holding any position in western civilization which forbids private schools as this regulation proposes to do. Nor any which presumes to determine absolutely what shall and shall not be given in those schools as subjects of study. Of course, many of them regulate the minimum of what must be given but none of them take the position that other subjects cannot be added. I make this statement sweeping regarding all nations of the western hemisphere. Perhaps I should qualify it because I do not know personally of the conditions in those countries under the Greek Catholic Church; and yet even Russia permits the News and other religious sects to maintain their own schools and school their own children. In the countries under the dominance of the Roman Catholic Church, taking Spain as the most backward, private schools are permitted. The royal decree of February 3, 1910, restricted the inspection of private schools to the hygienic conditions of the premises and to the prevention of words and deeds contrary to morals, to the fatherland, and to the laws. It was the attempt of the ultra conservative government there to inspect and even to close private schools which led to the Barcelona rebellion and even to revolution and to the overthrow of the Canalejas ministry. In German and Teutonic countries of Europe, which the school system of Japan more closely resembles than that of any other country, private schools are permitted. At least six percent of the school population of Germany attends private schools. The higher education of girls is nearly all together through private schools.

In commenting upon the situation in Europe in the article in the "Seoul Press" of April 2, 1915, the Honorable Commissioner has misinterpreted the French law and I am taking the liberty of pointing out the basis of his misinterpretation, which was very easily made. The French law of July 7, 1904, which he quotes, is a suppression of teaching congregations not of private schools, nor even of schools taught by the clergy so far as these clergy are not members of the monastic order and do not wear the clerical garb. They are even yet permitted to hold schools. On this point may I quote from the article on the French System of Education by His Excellency M. Gabriel Compayre, at the time of writing, 1911, Inspector General of Public Instruction of France:

"Further, a large number of the closed schools have been reopened with a lay or secular staff; the members of the orders having exchanged their ecclesiastical garb for civilian mufti. On June 1,1909, there were 3,069 reopened as private lay primary schools. 992 for boys and 2,077 for girls. The private schools are established and maintained by individuals or by associations. The State leaves them free in respect to curriculum and method, but the same qualifications as to age and ability are demanded from their teachers as from public school teachers. The formalities for opening a private school consist of a declaration made to the mayor of the communs indicating where the school is to be established." (Monroe's "Cyclopedia of Education", Vol. 2, p. 662.)

Regarding secondary education, M. Compayre has the following statement to make:

"The dispersion of the congregations, the suppression of the colleges of the Jesuits, Deminicians, and Oratorians brought back to the state schools a part of their clientele. But only a part, for a number of free colleges were reopened under the protection of the bishops or civil societies, and gathered in the heritage of the congregations. The number of pupils who attend these schools may be estimated to be about 50,000." (Monroe's "Cyclopedia of Education", Vol. 2, p.665.)

On the same point, may I quote from a more recent statement of the situation in the French schools by Dr. F. E. Farrington, Professor of Comparative Education on our faculty:

"In spite of the dispersion of the congregations and the suppression of the schools under control of the religious bodies, the successors of these schools under private control still contain nearly as many pupils as are to be found in the lycees. The graduates of these private schools, however, must pass the baccalaureate examination given by the State in order to enter the university or any of the higher state institutions of learning." (Monroe's "Principles of Secondary Education", p.87.)

([illegible] my performance to works of my own, but naturally I can put my hands on the statements much more readily and am assured of the validity of the authorities.)

May I also take the liberty of correcting the misinterpretation of His Excellency, the Minister, regarding American conditions, though I understand again how he could, very readily misinterpret the general statements of President Eutler's article. In the first place, as is well known, the national Government has absolutely no control over the schools. Further than that, not one of the 40 commonwealths prohibits the establishment of private schools or ever has done so. Not one of the 48 commonwealths even demands the inspection of private schools or holds that the State has the right to do so. The Statement in President Butler's articles concerning this has a basis only in the early colonial period - conditions thich have passed nearly 150 years ago.

Second -regarding the matter of the teaching of religion in private schools, may I venture to correct more of the misinterpretation or misunderstandings of western conditions involved in the article of His Excellency, the Minister, Nowhere in America, that is no commonwealth or local unit of government, has attempted or would attempt or does now prohibit instruction in religion in any private school according to the views of those maintaining the school. It would be considered a grave infringement upon fundamental principles of liberty. Furthermore, there is the misunderstanding concerning the existence of private sectarian schools of the elementary grade, the so-called parochial schools. These exist in practically every State in the Union and have an attendance all told of probably two million children. I am not defending these, und do not necessarily believe that there should be built large systems of parochial schools competing with the State system of schools, but simply give as a fact that such do exist and that any attempt to prevent these in this or any other advanced western country would be considered a grave infringement of liberty. In the filed of secondary schools, there are private schools in every State in the Union, and a great number of schools of this character are controlled by religious denominations.

Regarding colleges and universities, a recent investigation of the

Carnegie Foundation for the Advancement of Teaching shows that two-thirds of the 750 institutions of the United States and Canada, which are appropriately termed colleges, are organically controlled by religious denominations. There is a great variety of forms of this control, but I will not take the time to go into this matter but simply quote this general condition.

The conspicuous feature, which His Excellency, Mr. Komatsu, states and quotes from President Butler to verify, namely, that the college presidencies of our great universities are no longer confined to men trained in the Christian ministry, is a fact, but it is due to other reasons than those inferred. It is due primarily to the fact that there has now grown up a special profession of educators, and men especially equipped in administrative lines are to be drawn from the teaching staff rather than from the clerical profession as hitherto. In the case of Yale, which is quoted, President Hadley, the present incumbent, is the first in a long line of two hundred years who is not a clergyman. His Excellency is also misinformed in believing that there is any restriction against a clergyman holding any of these positions in state universities. At the present moment I do not recall any, yet in my acquaintance I know of several presidents who have been clergymen. Certainly it does not hold of the staff, because you will find men on the staff of almost every institution of larger grade who are clergymen. In Columbia, for instance, there are both Christian clergymen and Jewish Rabbis.

Third - may I take the liberty of pointing out what again I feel is a misinterpretation by His Excellency of the whole tendency of western civilisation and its situation regarding the relation of education and religion. There is a profound conviction in which most of us share, and a very marked tendency to separate the Church and the State and make the Church absolutely free from the control of the State, and vice versa the State absolutely free from the control of the Church. That has been the fundamental American position. As His Excellency points out, that is true in regard to Japan. But when he carries this idea further and interprets our western situation to be such a separation of religion and education, that is, that absolutely forbids any religious control of even private education, or the inclusion of religion in education in any form in which it may be organized, I am profoundly convinced he has misinterpreted the situation as it exists in any country of western civilization. As I have above cited, no country of which I know attempts to forbid the teaching of religion as it may be viewed by various sects in private schools. The whole tendency is towards freedom in this respect, not towards restriction.

Fourth - may I take up even more specifically the arguments drawn from the American conditions regarding the attitude of State schools towards religion. There are very few commonwealths in which there is any legislation against the reading of the Bible in the school. There are many where sectarian instruction is forbidden and there have been numerous judicial decisions in others against the practice of reading the Bible. On the other hand, there have been judicial decisions main -taining the right to read the Scriptures in public schools and to have simple religious ceremonies so far as there is no objection upon the part of the attendants on the schools on the basis of having their liberty restricted. But some States even have gone to the extent of placing in their Constitution, as did Mississippi, an injunction restricting the right to read the Bible in the public schools. His Excellency's reference to the elimination of religious teaching from American colleges is in part correct. In few of them even controlled by religious denominations is there at the present time required instruction in religion, at least outside of the ordinary daily chapel attendance. Even in all the larger institutions, certainly in all the state institutions, this is voluntary. Here again the principle is that of freedom and not at all of restriction or of enforced elimination.

In this respect, may I cite further the practice throughout the other countries of western civilization. As His Excellency knows, Germany and the Teutonic countries, in fact all continental countries except France, include religious instruction in their schools. Moreover in these Teutonic countries, the clergy of any denomination are permitted to go into the schools and give instruction if the children are of other communions than that giving the dominant character to the school. This same condition prevails, I think I am right in saying, in nineteen of the twenty-one American publics. It does not prevail in Brazil nor on the United States. Here our custom is against this and always has been; though, as I pointed out above, it does not refer at all to the conduct of private schools.

Fifth - and finally, may I venture to point out a thing which I believe is fundamental: in regard to this question and why in our western countries we have rather jealously guarded this right of establishing and maintaining private schools. Of course in Great Britain it is well known that their place is very much larger than in the United States. In Great Britain and the United States, and to a somewhat less degree in the Teutonic countries, very much of educational advance has come through the exercise of this private initiative. May I point out that the kindergarten, manual training, vocational training, much of scientific training, the education of the blind, the deaf, the educational treatment of the various dependents and delinquents, in fact the addition of almost every new feature to educational practicos, has come into the public school system through being tried out and demonstrated in private schools. In other words, the existence of the private school, or rather the non-stato school, is the sine qua non of progress. This is merely in accord with the fundamental natural law underlying all evolution and growth; that such evolution comes from the selection of variance, and unless you permit this liberty of variation, there is very little hope for progress. May I venture to suggest in this connection - and I do it with the very greatest of sympathy and good will - that most of the foreign critics of the Japanese educational system have pointed out as its weakest spot, - though it seems to be a thing which seems to give it its greatest strength at present - its tendency towards absolute uniformity, hard and fast restriction and prevention of variation; and while many of us simply have in mind the feeling of greater freedom which exists in the edu -cational systems of western countries many of them also have in mind the more fundamental thing, that progress, growth, is finally dependent upon this right or room for some variation in activities.

On the part of the mission educators, it would seem to me that they could not object to the following requirements made by the Japanese Government in Chosen:

"First - That all schools should give a minimum-curriculum requirement; this to include the essential elements of the government curriculum or whatever the government might require.

Second - That they should submit to the inspection of schools to see that they comply with government standards not only with regard to curriculum but with hygienic conditions and other matters.

Third - That the graduates of mission schools should be required to conform to the government standards for admission to various professions such as medicine, law, teaching in government schools, or for admission to other government positions.

Fourth - Even that the teachers should conform to certain minimum government standards, although I do not believe these should be the same for private schools as for government schools."

It seems to me that the Government might properly require any or all of the above conditions, though to be sure none of our American state governments do and few European governments, if any, require conformity to all of these conditions.

It is also to be recognized that the location of Chosen, the general conditions there, and the importance of this as an outpost of the Japanese Empire, make the conditions there somewhat unusual. I think the right of the Japanese Empire to protect itself and to secure the development of this people not only for the advantage of the Koreans but for the safety of the Empire would be fully admitted. It seems to me, however, that His Excellency, the Minister, has so misinterpreted the matter of government control over education as it has existed or at present exists in other countries that his attention might well be called to this matter, and the question raised whether such extreme action was really essential even from the point of view above stressed. Not even in Alsace Loraine nor in divided Poland, or in any other country so far as I know in any recent times, has this control been carried to the extent proposed by these new regulations in Chosen.

I have prolonged this letter somewhat unduly, but it seems to me a very fundamental matter. May I call to your attention my well known attitude of friendship towards the Japanese; that His Excellency, Count Okuma, has done me the high honor of entertaining me in his home and I know is assured of my friendliness for the Japanese people and my admiration for their culture. Many prominent educators of Japan could give His Excellency, Mr. Komatsu, the same assurance. In my own classes in Columbia, I have my students each year read Dr. Nitobe's "Bushido" in order that they may have a more sympathetic comprehension of the ideals of our Oriental neighbors and thus each year make hundreds of friends for Japan among influential schools men of America. If you wish to assure His Excellency, Mr. Komatsu, of my conception of education and my estima to of its present tendencies, you are at liberty to refer him to the Japanese translation of my volume on the History of Education, which is included in the series published by the Japanese Society for the Advancement of Civilization; of which His Excellency, Premier Okuma, is President.

I am, Sincerely yours,

Paul Monroe."

It is not the desire of the Mission Boards to make it impossible for "students who believe in a certain cult or religion to enter schools of different faith" or "to force them to believe in a faith which is not their own", as Mr. Sekiya intimates in his article in The Nagasaki Press. Missionaries could not if they would force any one to be a Christian, and they would not if they could. The statement, that "it is only when the demarcation between the two forces is clear and one does not infringe the domain of the other that the object of education will be attained and religious freedom assured", is contrary to the assured results of experience in both Americu and Great Britain. The Christian people of these countries who are maintaining the missionary schools in Chosen hold that education and religion are not only entirely compatible, but that they are indissolubly related. From the beginning, education has been an important part of missionary work in Asia, as the history of that work not only in Japan but in China, India and other countries abundantly illustrates.

It has been said that if the Government-General of Chosen permits Christianity to be taught in the private schools the Mission Boards maintain, it must also permit Buddhism to be taught in any schools that Buddhists may desire to maintain. We have not the slightest objection to this. Missionary work asks no special favors whatever, but only absolute religious liberty. Since the Imperial Government of Japan has recognised both Christianity and Buddhism as religions of the Empire, we are at a loss to understand why the adherents of either faith should not be permitted educational freedom as well as political freedom.

In this unhappy are of international anxieties, I fully recognize the peculiar character of the political questions that are involved in the effort of the Japanese Imperial Government to assimilate a people of different national history and occupying that part of the Empire at which Japan comes into contact, not only with China but with some of the powerful nations of Europe. I believe, however, that history and the experience of other countries conclusively prove that the true interests of the State are injured rather than benefitted by any restriction of the freedom of education and religion. While the government school of Chosen seeks to train a child for the State, the mission school seeks to train him to a high type of Christian character and manhood; and I need not remind Your Excellency that such character and manhood form the securest possible foundation for the State as well as for the Church/ I have often quoted the public statement of His Highness, Prince Its:

"In the early days of Japan's reformation, the Senior Statesmen were opposed to religious toleration, especially because of distrust of Christianity. But I fought vehemently for freedom of belief and propagation and finally triumphed. My reasoning was this: Civilization depends upon morality and the highest morality depends upon religion. Therefore, religion must be tolerated and encouraged."

I should be making a poor return for the kindly frankness of Your Excellency in writing to me on this subject, if I were to conceal the fact that the enforcement of the separation of religion and education in private schools in Chosen would undoubtedly have the following results:

First, it would cripple if not completely close the hundreds of mission schools now in Chosen, compel the abandonment of the plans that are being made for their enlargement, and paralyze the missionary work which depends upon these schools for the training of its ministers, evangelists and other leaders. The Christian people of America and Great Britain firmly believe that religion is an integral and indispensable part of a sound education, and they do not deem it their duty to expend money on schools in any land unless they can do so in the name of Christ and with unrestricted freedom to include the Bible in the curriculum and to conduct religious exercises in connection with school work. No financial reimbursement, however large in amount, would compensate the Mission Boards for the grievous effect upon their whole work in Chosen, for long experience has clearly proved that schools from which religion is excluded do not yield the native Christian leaders without which the Church cannot live.

Second, it would be construed by the Christian people of America and Great Britain as a disapproval by the Government-General of Chosen of those generous and wholly altruistic efforts which the people of the United States, Great Britain and Canada have been making for the advancement of the people of Chosen.

Third, it would throw the educational system of Chosen out of line with the best educational policy of such nations as America and Great

Britain, which give unrestricted liberty to private schools that combine education and religion.

Fourth, it would be equivalent to a denial of that educational and religious freedom which we had supposed it was the pride of Japan to accord and which is universally practices in the non-government schools of America and Great Britain. A school that is not permitted to teach the Bible does not possess educational freedom, and religion that is not permitted to have its own schools is not free.

Fifth, it would gravely affect the standing of Japan among the enlightened nations of the world and cause deep distress to the multitudes of friends and well-wishers of Japan in western lands who for many years have spoken in high appreciation of the full religious liberty which prevails wherever Japan rules. Your Excellency has already seen published utterances of mine in which I took the position that, in the struggle between Japan and Russia for the possession of Korea, my sympathies were with Japan primarily because Japan stood in religion and education which Russia denies. Are we not to be proven wrong?

There are some matters of detail which I cannot view without concern, as for example, certain provisions in Ordinance No. 24, But perhaps they should no discussed at another time as this letter has already become quite long and it may be well to confine it to the particular question that I have been discussing. It will be a great relief to us and to the many friends of Japan if the Ordinances, Instructions and Regulations referred to shall be as modified as to permit mission schools to continue to exercise the freedom which they have hitherto enjoyed. We gratefully recognize the consideration that is implied in giving the Mission Boards ten years in which to adapt themselves to the new regulations; but Your Excellency will appreciate the fact that if the regulations are to be enforced at that time, the blighting effect will be immediately felt, and it will necessarily operate to destroy our educational plans. An order to discontine an essential part of our missionary work at a fixed date is none the less vital because the date is a decade hence. We cannot reasonably expect givers in America to put money into land and buildings, or competent educators to go to Chosen, for institutions which will be rendered useless in ten years unless we abandon a vital part of the purpose for which the institutions are conducted.

I need not remind Your Excellency that the Mission Boards have no selfish interest whatever in maintaining schools in Chosen. They are spending much time and money for the sole purpose of doing good to the people with no thought of advantage to themselves. It is our earnest desire to cooperate with the Government-Gonoral in every way possible, and we give this assurance with no reservation whatever, except freedom to conduct our religious work along its four allied and inter-related lines - educational, evangelistic, medical and literary.

Knowing as I do the openness of mind and the high conception of duty which characterize Your Excellency and the other high officials of the Government-General of Chosen, I have written freely and frankly, as I am sure that Your Excellency desired me to do. I gladly count myself among those who have most hearty good wishes for the Government and people of Japan and who wish to cooperate in every way possible in promoting the welfare of the people of Chosen.

Again thanking Your Excellency for your courtesy, I have the honor to remain, with assurances of distinguished consideration,

Very sincerely yours,

Arthur J. Brown

AJB/MM

조선총독부 외사국 국장 고마쓰가
미국 해외선교이사회 브라운 총무에게 보낸 편지

[번역문]

조선총독부(Government General of Chosen)
경성(Keijo), 1915년 11월 4일

아서 J. 브라운(Arthur J. Brown) 박사
해외선교이사회(Board of Foreign Mission) 의장
뉴욕

안녕하십니까.

교육 문제에 관련하여 6월 16일에 보내주신 편지에 대한 답장으로 장문의 편지를 준비하여 우편으로 보내려고 했습니다만, 9월 17일 이곳 서울에서 박사님의 동료인 로버트 E. 스피어(Robert E. Speer) 박사를 만날 기회가 있어서 그분과 교육과 종교의 분리라는 주제로 허심탄회하게 의견을 교환하게 되었습니다. 당시 저는 그 문제에 대한 우리의 입장을 상세히 설명했고, 또 그 문제와 관련된 한국에서의 실제 상황을 자세히 말씀드렸습니다. 스피어 박사는 우리의 입장을 이해하고 인정하는 듯이 보였습니다. 그래서 저는 박사님께서 가까운 장래에 그 문제에 대해 스피어 박사로부터 들을 거라고 믿고 있습니다.

이 점을 고려하여, 저는 박사님의 질문에 하나씩 답변하는 것은 필요치 않다고 생각했습니다. 그래서 저는 박사님의 제안에 따른 오해를 없애려고 설명하는 답장을 보내지는 않기로 결정했습니다. 하지만 박

사님께서 보내시고 제가 받은 편지에 대한 답례로 그 문제에 관해 제가 갖고 있는 견해를 박사님께 말씀드리고 싶습니다. 단, 제가 스피어 박사와 나누었던 박사님의 제안에 대한 답변을 반복하는 것은 피하겠습니다.

저는 우선 일본 제국 정부가 한국에서 확정한 행정 정책은 유럽이나 미국의 정부들이 자신들의 식민지에 취했던 것과는 근본적으로 다른 이상과 목적을 가지고 있다는 사실을 환기시키고자 합니다. 양 국민간의 역사적이고 인종적인 관계를 고려할 때, 문명적으로 뒤쳐진 한국 민족을 원조하고 안내하고 향상시키는 것, 그리고 그들을 단지 선량하고 지적인 민족으로만이 아니라 이름과 실생활 모두에서 제국의 충성스러운 신민으로 만드는 것이 일본의 목적입니다.

이것은 달성하기가 매우 어려운 과업입니다만, 두 민족의 지속적인 복지와 행복을 위해 어떠한 희생을 치르더라도 수행해야 할 과업입니다. 이러한 것이 조선총독부의 섭리적인 임무라고 말할 수 있습니다. 사립학원에 대한 규제에서 이루어진 최근의 수정안은 한반도에 살고 있는 사람들의 물질적인 성격을 균등하게 향상시키는 한편, 대중적인 정신을 지도하고 통일시킴으로써 동화(同化)라는 목표를 달성하기 위해 취해진 하나의 단계에 지나지 않습니다.

따라서 이번 규제에서는 정부든 공립 혹은 사립 기관이든 국민 (일반) 교육에 참여하고 있는 모든 학교는 정부가 확정한 교육 정책을 따라야 한다는 조항이 추가되었습니다. 저는 이번 조치를 종교 활동에 대한 제한을 가할 목적 중의 하나로 여기는 성향이 있는 사람들이 일부 있다는 소식을 듣고 유감스러웠습니다. 그러한 가정(假定)보다 진실에서 더 멀리 떨어져 있는 것은 없을 것입니다.

사립학교에 대한 규제는 그 자체로 자명하게 드러나지만, 국민 교육에 종사하는 모든 사립학교에 적용될 예정입니다. 물론 예를 들어 부기(簿記)나 속기(速記)나 외국어 등과 같이 특정한 과목이나 학습 주제만을 가르치는 특수 학교들은 예외입니다. 한국에는 1,200개 이상의 사립학교가 있으며, 그 가운데 소위 미션스쿨이 1/3 이상을 차지하고 있습니다. 미션스쿨은 요건에 부응하기 위해 10년의 유예 기간을 받는다는 사실로 미루어볼 때, 이번 규제의 주된 목적은 미션스쿨과는 달리 한국인 사립학교를 통제하고 향상시키려는 것입니다. 하지만 이러한 조치가 종교적 자유에 영향을 미치는가 아닌가 하는 기술적인 문제가 제기되고 있으므로, 저로서는 그러한 입장에서 이 문제를 논의하겠습니다.

문제가 되고 있는 조치들은 종교적인 전도와는 아무런 관계가 없습니다. 총독부는 프랑스가 했던 것처럼 종교 단체가 교육에 종사하지 못하도록 금지하지 않습니다. 오히려 반대로 총독부는 교회와 종교인들이 일반 법인이나 일반인과 동일하게 교육을 수행하도록 허용하고 있습니다. 교회들이나 종교인들이 국민 교육을 담당하려 하는 경우에만, 일반 법인이나 일반인이 그러하듯 설정된 교육 규제를 준수하도록 요구하고 있습니다. 왜냐하면 그들은 그렇게 함으로써 고유한 종교적 한계선을 넘어서서 교육의 영역으로 들어가게 되고, 교육에 대한 통제는 정부의 기능이기 때문입니다.

제가 이전의 편지에서 박사님 나라의 학생 9/10이 출석하는 공립학교에서는 종교 교육이 행해지지 않고 있으며 (이 사실은 박사님이 편지에서 인용한 뉴욕대학교의 엘머 E. 브라운(Elmer E. Brown) 학장이 증언한 것입니다), 미국 정부는 종교와 교육을 분리하는 것을 오랫동안 국민 교육의 원리로 삼아왔다는 점을 이야기하면서 박사님의 나라의 교육 환경에 대해 언급한 주된 이유는 한국에서 채택된 교육 정책이 새로운 발명품은 아니라는 점을 지적하고 싶었기 때문이었습니다.

박사님은 미국에서는 사립학교에 종교에 관해서는 어떠한 제약도 주어지지 않는다고 말씀하십니다. 저는 이것이 원칙적인 문제는 아니며, 단순 결과일 뿐이라고 생각합니다. 제게는 전체 학생 수의 1/10만 다니고 있는 미국 사립학교에는 종교에 관해 어떠한 제약도 가할 필요가 없는 것처럼 보입니다. 이들 중 대부분은 일반적인 규율로써 성서교육을 제외한 정규 커리큘럼 아래에서 교육하고 있습니다. 저는 박사님의 나라에서 달성한 발전된 단계에 대해 질투의 감정을 느끼지 않을 수 없습니다. 만일 한국이 박사님의 나라처럼 발전한 나라였다면 정부로서는 교육 문제를 다루는 데 있어 정부의 임무가 더 단순하고 쉬웠을 것입니다.

저는 한국의 일부 선교단체들이 일본에서 추구된 것과 동일한 교육정책이 한국에서도 적용되어야 하며, 모국의 미션스쿨에 확장된 것과 같은 동일한 특권이 한반도의 유사한 기관에도 확장되어야 한다는 견해를 가지고 있다는 말을 종종 듣고 있습니다. 저는 주저하지 않고 말합니다만, 이러한 의견은 국가의 서로 다른 두 부분에 존재하고 있는 환경에 대해 잘못된 개념을 갖고 있음으로써 파생된 것입니다. 실제로 한국에는 일반 학교의 학제로 교육을 수행하고 있는 수백 개의 미션스쿨이 있지만, 일본에는 그러한 미션스쿨이 실제로 거의 존재하지 않으며, 선교단체와 연관이 있는 학교들은 모두 중등학교나 더 높은 학제에 있습니다. 그리고 그러한 학교의 수는 손가락으로 헤아릴 수 있을 정도입니다.

교육 기관이 모두 완비되어 있는 일본에서는 이러한 학교는 신경도 쓰지 않습니다. 그렇지만 교육부는 이러한 소수의 학교들이 커리큘럼에 종교를 포함하는 한, 중등학교의 이름을 내걸도록 허용하지는 않습니다. 지금까지 후쓰부(futsu-bu, 중급부)라 부르던 것을 추가쿠부(chugaku-bu, 중등부)로 부르도록 해달라는 청원이 승인된 것은 오직 최근에 이르러서야 이루어졌습니다. 여전히 추가코(chugakko, 중학교)라는 이름을 사용하지는 못합니다. 정부가 확정한 커리큘럼을 채택한 학교에서는 어떠한 종교도 가르쳐서는 안되며, 어떠한 종교적 의식도 실행되어서는 안 된다는 교육부 장관의 훈령은 여전히 효력을 가지고 있으므로, 이곳 한국에서 우리는 그러한 훈령에 입각한 원리를 단순히 따르고 있는 것입니다.

일본에서는 추가코라는 명칭을 사용하지 않는 학교는 종교를 제외시키라는 요구를 받지 않지만, 실제로 중학교 학년의 교육을 행하고 있는 한국의 모든 학교는 이름이 무엇이든 간에 다른 중학교와 동일하게 취급될 뿐입니다. 이러한 조치는 허위를 방지하기 위해 취해진 것이라서 이론적으로 올바른 것일 뿐 아니라, 한국의 실태에 비추어 볼 때도 필연적이고 피할 수 없는 단계입니다.

한국이 일본과 동일한 발전 단계를 달성하게 된다면 그 문제에 대한 갑론을박의 여지가 없지 않겠지만, 둘의 교육 환경이 서로 너무나 다르므로 서로 다른 두 부분에 하나의 동일한 시책을 시행하도록 강요하는 것은 합당하지 않은 것입니다. 여기서 제 말에 대한 오해가 있다면 그 오해를 없애기 위해 몇 마디 덧붙이겠습니다. 공립학교든 사립학교든 모든 학교의 학생들이 학교와 규정된 학습 시간 외에 일요학교나 세미나, 교회에서와 같은 특수 기관에서 또는 개인 교습을 받으면서 성서를 공부하는 것은 완전히 자유입니다. 그러한 것이 개명된 국가들에서 일반적으로 시행되어야 한다는 것이 바로 제 의견입니다.

저로서는 박사님께서 조선총독부가 규제 시행에 관한 10년의 유예를 현존하는 사설학교에까지 확장했다는 세부 사실에 주목하시기를 바랍니다. 이러한 것이 확실히 특권이라 인정하면서도, 지정된 시기가 끝날 즈음이 되면 미션스쿨들은 일부 과중한 제약 아래에서 어렵게 학교를 운영하거나 학교를 닫아야 할 것이라고 생각하는 사람들도 일부 있는 것처럼 보입니다. 제 생각에는 이러한 견해는 미션스쿨, 특히 초등 학년을 대상으로 한 미션스쿨들이 영원히는 아니지만 상당히 오랫동안 지속적으로 번성할 거라는 잘못된 생각에서 유래하는 것 같습니다.

선교단체들은 선교사들이 그토록 많은 초등학교를 한국에 설립한 이유가 이전 한국 정부가 초기에 교육에 매우 미미한 관심만을 보여왔고, 그래서 그들이 종교적 전파사업 이외에도 부족한 교육의 공백을 메우기 위해 교육사업을 담당할 수밖에 없었다고 스스로 이야기하고 있습니다. 그러나 당시 이후로 시대가 변했고, 합병 이후로 조선총독부가 취한 규제로 인해 위에서 언급한 동화정책을 수행하려는 목적에서 공립 보통학교의 수가 늘었으며, 특수 교육기관들은 점차 정규 교육기관으로 대체되고 있습니다. 일본에서는 여러 해 전에 초등학교 수준의 일부 미션스쿨이 있었지만, 제국 정부가 교육 시스템을 완성하여 발전이 이뤄짐에 따라 그러한 학교들은 사라지기 시작했으며, 오늘날은 단 한군데도 남아 있지 않습니다.

이러한 사실을 고려하면, 한국에서의 선교사들에 의한 일반 교육사업의 담당은 한시적인 편의 사업에 불과할 것이며, 일반 교육 시스템의 완성과 함께 미션스쿨들은 수적으로 점차 줄어들 것이고, 존재 이유도 잃게 될 것입니다. 실제로 합병 이후부터 1914년까지 지난 4년 동안 미션스쿨의 수는 746개에서 473개로 감소했으며, 매년 줄어드는 비율은 평균 68개입니다. 이러한 사실을 미루어 짐작하건대, 향후 6~7년이 지나면 한국에서는 보통 교육을 담당하는 미션스쿨은 일본에서의 경우와 마찬가지로 하나도 남아있지 않게 될 것입니다. 어쨌든 미션스쿨들이 10년 이후에 시행될 규제 때문에 상당히 다른 입장에 처하게 된 스스로를 발견하리라는 두려움은 전적으로 근거가 없는 것이 분명합니다.

우리 정부는 전적으로 종교에 무관심하지만, 그렇다고 종교를 무시하거나 경시한 적은 없습니다. 반대로 우리 정부는 도덕을 유지하고 향상시키는 훌륭한 일을 하는 모든 종교는 항상 존중해 왔습니다. 한국에서도 특히 당국은 종교적 목적으로 사용되는 토지와 가옥에 대해서는 과세 면제 조치와 같은 특권을 종교 단체에 확장했을 뿐만 아니라, 종교적 사업을 수행하기 위해 정부 재산을 사용하는 데 있어서도 특별한 혜택을 주어왔습니다. 최근 종교 포교 활동에 대한 규제가 제정되어 공포되었습니다. 이는 바로 외국인이든 일본인이든 한국인이든 상관없이 모든 종교사업가들에게 적용되는 것이며, 예전의 규제는 일본인에게만 적용되어 왔지만, 이제는 어떠한 규제도 적용되지 않았던 한국인에게도 적용될 수 있는 포괄적 규정입니다. 사회에 해로움을 끼칠 수도 있는 그러한 종교나 선전 방법을 통제하는 것은 정부의 자기 보호를 위해서뿐 아니라, 모든 합법적인 종교를 보호하기 위해서도 필요합니다.

간단히 말해, 우리 정부는 모든 종교에 대해 불편부당이라는 정책을 추구하고 있으며, 공중 질서의 유지를 위해 필요한 조치를 취하는 것 외 가능한 한 구속하지 않는다는 원리를 고수하고 있으며, 모든 종교에 대해 공정하고 중립적인 정책을 추구하고 있습니다. 그러나 교육에 관한 한, 우리 정부는 아주 다른 태도를 지니고 있습니다. 우리의 교육 목표가 우리 국민들의 지능과 도덕성을 개발하는 것뿐 아니라 우리 제국의 존립과 복지에 기여하게 될 국민정신을 국민들의 가슴에 깃들게 하기 위한 것이라는 것은 더 말할 필요가 없을 것입니다. 따라서 우리는 교육에 관한 국가 정책과 시스템에 관해 절대적인 독립을 유지하기로 결정했으며, 외국의 간섭이나 도움 없이 오직 우리 스스로 공표하고 시행할 것입니다. 이에 따라 당연히 이전 한국 정부 치하에서 외국인 선교사들이 시작한 교육사업은 오늘날 우리의 현대적인 행정적 조치를 수행하기 위해 수정되어 우리 계획의 발전 방향과 보조를 맞추게 될 것입니다. 저는 박사님께서 현금(現今)의 이러한 변화를 잘 이해하고 선교사들이 교육에 소모해 온 돈과 노동을 그들의 고유한 종교적 전파 영역으로 전환함으로써 교육과 관련된 모든 문제들을 전적으로 정부의 손에 맡기는 것이 좋다고 판단하기를 진심으로 희망합니다. 이렇게 되면, 사람들의 행복을 증진시키는 것을 목표로 하는 종교사업과 정부의 사업은 동일한 목표를 갖게 되어서 서로 부드럽게 나란히 가며 충돌하지 않을 것이고, 박사님이 속한 단체에서 담당해 온 한국에서의 선교사업은 이전보다 더 번성하게 될 것입니다.

　　존경과 함께,

고마쓰(Komatsu)

외사국(外事局) 국장

Government General of Chosen.

Keijo, November 4, 1915.

Dr. Arthur J. Brown,

Chairman of Board of Foreign Mission,

New York.

Dear Sir

In reply to your favour dated June 16, relating to the educational question, I had prepared a long letter and was intending to mail it, when on September 17 I had the pleasant opportunity of meeting your associate, Dr. Robert E. Speer, here at Seoul, of which I availed myself to fully exchange views with him on the subject of the separation of religion from education. On that occasion, I expressed at length our ideas on the question and also fully explained the actual state of things in Chosen bearing on the question. Dr. Speer appeared to have understood and appreciated our position, and I trust that you will hear from him in the near future all about the question. In view of this, I could hardly deem it necessary to answer your questions one by one, and so I have decided not to send you my reply above referred to, in which I tried to remove causes for misapprehension following your suggestions in order. Out of courtesy, however, to your unusual consideration with which you wrote me the letter now under acknowledgment, I will set forth for your information the general views I entertain on the subject, while avoiding to repeat what I told Dr. Speer by way of answering your suggestions.

I beg first to draw your attention to the fact that the administrative policy fixed by the Imperial Government of Japan for Chosen fundamentally differs in its idea and aim from that taken by European and American Governments towards their colonies. By taking into consideration historical and racial relations between the two peoples, it is the purpose of Japan to assist, guide and lift up the Korean people lagging in the race of civilization, and make them not only good and intelligent but also loyal subjects of the Empire both in name and reality. This is a very difficult task to accomplish, but must be carried out by all means in order to ensure the lasting welfare and happiness of the two peoples. It may be said that this is the providential mission of the Government General of Chosen. The recent amendment made in the Regulations for Private Schools is nothing more or less than a step taken for attaining the aim of assimilation by directing and unifying the trend of popular mind pari passu the improvements in material features of the people in this peninsula. Accordingly it has been provided in the Regulations that all schools engaged in national (general) education, no matter whether they be Govern ment, public or private establishments, should conform to the educational policy fixed by the Government. I regret to hear that there are some people who are apt to consider this measure as one aimed at creating a restriction on religious activity. Nothing could be farther from the truth than such presumption.

The Regulations for Private Schools are, as it is self-evident, to be applied to all private schools engaged in national education except of course those special schools teaching only particular subject or subjects of study, such for instance as Book-Keeping, Stenography, Foreign Languages, etc. There are in Chosen more than twelve hundred private schools, of which the so-called mission schools occupy a little more than one-third. As if would be clear from the fact that mission schools are given the grace of ten years to conform to the requirements, the chief aim of the Regulations was to control and improve the Korean private schools other than mission schools. Still a technical question has been raised as to whether or not they would affect religious freedom, I am obliged to discuss the matter from that standpoint.

The Regulations in question have no concern with Religious propagation at all. The Government General does not, As France has done, prohibit religious corporations to engage in educational work. On the contrary, it allows churches or religionists to carry on educational work just as ordinary legal persons or private individuals. Only in case churches or religionists intend to take up national education, they are required to observe the established educational regulations, just as ordinary legal persons or private individuals undertaking the same work are required to do; for by so doing they go beyond the proper limit of religion and enter the domain of education, the control of the latter of which falls in the functions of the State. The chief reason I referred in my previous letter to educational conditions in your country, was to point out that the educational policy adopted in Chosen had been no new invention, in view of the fact that in the public schools in your country attended by nine-tenths of the total number of pupils (attested by the statement by Chancellor Elmer E. Brown, of the New York University, quoted in your letter) no religious teaching is given, and that the American Government has made it for a long time the principle of national education to separate education from religion. You say that in America no restrictions whatever are placed on private schools regards religion. I should think, that this is not a question of principle, but it is the question of fact. It seems to me that there is no necessity whatever to place restrictions with regard to religion on private schools in America, attended by only one-tenth of the total number of pupils, most of which giving education under a regular curriculum excluding as a general rule Bible teaching. I cannot help feeling envious of the advanced stage attained by your country; for were Chosen as advanced e your country the Government would find its task more simple and easy in dealing with educational affairs.

I often hear that some missionaries in Chosen entertain the opinion that the same educational policy as pursued in Japan should be applied to Chosen and the same privilege as extended to mission schools in the mother country be extended to similar institutions in the peninsula. This opinion, I do not hesitate to say, emanates from an erroneous conception of conditions existing in the two different parts of the country. While as a matter of fact there are in Chosen several hundred mission schools carrying on education of the common school grade, in Japan proper there exist practically no such mission schools, the schools having any connection with the missions there being of the middle school or higher grade. Besides the number of such schools is less than one can count on fingers of a hand. In Japan proper, where educational organs are complete, these schools might be left out of account. Nevertheless the Educational Department does not allow any of these few schools to adopt the name of middle school as long as they include religion in their curriculum. It is only recently that it granted a petition to call Chugaku-bu (middle grade department) what they hitherto called futsu -bu(intermediate department), but they are not allowed to call it chugakko (Middle School) just as before. The Instruction of the Educational Minis -ter that no religion should be taught nor any religious ceremonies be held in schools, in which the curriculum as fixed by the Government is to be adopted, is still in force and here in Chosen we are simply carrying into effect the principle embodied in that Instruction. Only in Japan proper a school which does not use the appellation of Chugakko (Middle school) is not required to exclude religion, but in Chosen any schools practically giving education of the middle school grade, no matter by whatever name they are called, are treated in the same way as other middle schools. This measure is taken in order to prevent misrepresen -tation and is a step not only theoretically right but necessary and unavoidable in view of the prevailing condition in Chosen. Should Chosen attain the same stage of progress as in Japan, there can be no room for disputing about the matter, but inasmuch as the educational conditions in the two parts are widely different it is altogether unreasonable to ask for the enforcement of one end the same practice in the two different parts. I may add here a few remarks in order to remove any possible cause for misapprehension of my statement. It is perfectly free for students of all schools, whether Governmental or private, to study the Bible, outside of the schools and fixed school hours, under private teachers or at special institutes such as Sunday schools, seminaries or Churches. Such is in my opinion the general practice all over the civilized countries.

I beg further to call your attention to the circumstance, in which the Government-General of Chosen has extended to the private schools now existing the grace of ten years in regard to the enforcement of the Regulations. There seen to be some people, who, while conceding that it is undoubtedly [illegible] special privilege, think that at the end of the specified period, mission schools will have either to labour under some heavy restrictions or to close altogether. This view, I should think, originates in an erroneous idea that mission schools, especially those of the elementary grade, will continue to flourish for a long time to come, if not permanently. The missionaries themselves say that the reason why missions established so many elementary schools in Chosen was the fact that in early days the former Kerean Government paid but slight attention to educational work, and they are compelled to undertake, besides the work of religious propagation, educational work in order to fill the gap. Due, however, to the change of times since those days, especially to the measures taken by the Government -General since the annexation to increase the number of public common schools with the purpose of carrying out the assimilation policy above referred to, special educational organs are gradually giving their place to regular educational organs. In Japan proper many years ago there existed some mission schools of the elementary grade, but along with the progress made by the Imperial Government in completing educational system, such schools gradually began to disappear and today none are found existent. A consideration of this fact will show that the undertaking of general educational work by the missions in Chosen is a temporary work of expedience and along with the completion of the general educational system, mission schools will gradually decrease in number or lose their raison d'etre. As a matter of fact during the four years since annexation up to 1914, the number of mission schools decreased from 746 to 473, the annual rate of decreae being 68 on an average. Inferring from this fact, it is not quite unlikely that in six or seven years to come there will be no mission schools in Chosen undertaking common education, as it is the case in Japan proper. At any rate it is certain that the fear that mission schools will find themselves placed in some difficult position on account of the Regulations being enforced after ten years henoe[?] is entirely groundless.

While our Government stands entirely aloof of religion, it has never ignored or slighted it. On the contrary it has always respected all religions which render good services in maintaining and promoting morality. In Chosen especially have the authorities not only extended to religious bodies such privilege as the exemption of land and houses used for religious purposes from taxation, but also have frequently shown them special favour in regard to the use of Government properties for carrying on their work. Recently regulations concerning religious propagation have been framed and promulgated. These are nothing more than the complete regulations applicable to all religious workers irrespective of their being foreigners, Japanese or Korean, replacing the old regulations hitherto applied to Japanese only, while no regulations have existed for Koreans. It le necessary not only for the self protection of a Stute to control such religions or propagation, methode as are likely to cause injury to society, but also for the protection of all legitimate religions. In short our Government is pursuing the policy of impartiality towards. all religions, adhering to the principle of laissez faire as far as possible, except taking such measures, as necessary for the maintenance of public order. As regards education, however, our Government adopts altogether a different attitude. I need scarcely observe that our object of education is not only to develop the intellect and morality of our people, but also to foster in their minds such national spirit as will contribute to the existence and welfare of our Empire. Accordingly we are resolved to maintain an absolute independence in regard to our policy and system concerning national education, which we formulate and put into effect by ourselves without foreign interference or assistance. It follows then that educational work inaugurated by foreign missions in the days of the former Korean Government must be modified today so as to keep pace with the progress of our plan to carry out modern administrative measures. I sincerely hope that you will appreciate this change of the times and understand that missions should leave all affairs relating to education entirely in the hands of the Government by transferring the money and labour they have hitherto been expending on education to their proper sphere of religious propagation. Then this is done religious work aimed at promoting the happiness of people and the Government work also having the same purpose in view will move side by side smoothly along and never come into collision, with the result that the religious work undertaken in Chosen by your organization is sure to bring more prosperity than ever.

I remain, dear sir,

Very respectfully yours,

M. Komatsu

Commissioner of Foreign Affairs

역자 후기

교정을 마치면서

언더우드 선교사의 마지막 1년간의 편지를 읽어보면, 연희전문학교를 설립하고 인가받는 과정은 마치 한 편의 연극을 보는 것처럼 극적이다. 기독교인이 훨씬 많았던 평양에 대학을 설립하려는 선교사들을 10년 동안 설득하여 서울에 학교 설립을 확정짓고, 1915년 3월 24일 조선총독부의 개정사립학교규칙이 공포되자 4월 12일 서울 YMCA회관에서 연희전문학교 첫 수업을 실시하고 초대 교장으로 취임하였다.

당대 선교사들이 한국에 학교를 설립할 때의 가장 큰 난관은 "성경교육을 할 수 있는가 없는가"였는데, 육군대장 출신의 데라우치 마사타케(寺內正毅) 총독은 1911년 초, 총독암살모의 사건을 조작하여 이른바 '105인 사건'으로 평안도 일대의 기독교인들과 윤치호, 이승훈 등 지도층 지식인들을 체포하였다. 데라우치는 이를 공적으로 인정받아 1911년 4월 백작으로 승작되었으며, 일본화 교육을 통해 조선민족을 이른바 "황국신민"으로 동화시키기 위해 많은 공립학교를 설립하였다. 대한제국 시기에는 공립학교가 워낙 적어서 정부가 선교사들이 사립학교 세우는 것을 권장하였지만, 총독부는 10년 유예 기간을 주고 사립학교가 필요 없어지는 상황을 염두에 두었다.

이렇게 일본과 다른 한국의 교육체제 속에서 전문학교를 설립하고 성경을 교육하려면 사립학교규칙과 일본 및 총독부의 다양한 법령을 정확하게 해석하여 그에 맞게 대처하는 능력이 필요했다. 언더우드 선교사는 조선총독부 고등법원장인 와타나베 도오루(渡邊暢, 1858~

1939) 판사를 연희전문학교 설립이사로 받아들여 정관을 작성하면서 이러한 난관을 극복하였다. 제국 정부는 종교와 교육을 분리하였지만, 언더우드가 일찍이 설립한 경신학교는 이미 성경 교육을 실시하고 있었으므로 경신학교 대학부라는 명칭으로 연희전문학교를 시작하였기에 예배를 보고 성경 교육을 할 수 있었다. 1910년대 당시 일본의 기독교인 비율은 1%가 채 되지 않았는데, 조선총독부의 고등법원장 와타나베 도오루뿐만 아니라 내무국장이자 종교국장인 우사미 가츠오(宇佐美勝夫)도 기독교인이었기에 원만하게 연희전문학교 설립 인가도 받고 실제적인 기독교 교육을 할 수 있었으니, 하나님의 섭리는 놀랍기만 하다.

언더우드는 뉴욕대학교에 다니던 시절 맨하탄에 마천루들이 들어서면서 뉴욕이 세계의 중심으로 발전하고 모교도 성장하는 모습을 보았기에 연합기독교대학을 서울에 설립하자고 주장했으며, 뉴욕대학교를 모델로 삼기 위해 브라운 총장에게 자주 편지를 보내어 자료를 구하고 자문을 부탁하였다. 그에게 뉴욕대학교는 단순한 모교가 아니라 학부 졸업 이후에도 계속 관계를 가지면서 명예박사학위를 두 차례나 받은 학교였고, 그의 아들도 뉴욕대학교를 졸업하였기에 브라운 총장은 호러스 H. 언더우드를 "세 겹의 동문"이라고 불렀다. 호러스 H. 언더우드 부부와 졸업생 최순주가 장학금을 받고 뉴욕대학교에 유학하거나 유억겸 학감이 환대받는 과정들이 언더우드 가족의 편지에서 확인된다. 일제강점기에 연희전문학교가 가장 많은 유

학생을 미국에 보낼 수 있었던 배경을 엿볼 수 있다.

뉴욕대학교의 Records of the Office of the Chancellor(Elmer Ellsworth Brown) RG.3.0.4 문서에 언더우드 가족의 편지가 있다는 사실을 알려준 한미경 박사님과 번역비를 지원해 주신 연세대학교 총동문회 이경률 회장님께 감사드린다.

2025년 3월

허경진

허경진

연세대학교 국문과를 졸업하고 「허균 시 연구」로 문학박사 학위를 받았습니다. 목원대학교 국어교육과와 연세대학교 국어국문과 교수로 재직하였고, 지금은 한국기독교문화연구소 연구원으로 있습니다. 저서로 『허균평전』(2002, 돌베개), 『한국 고전문학에 나타난 기독교의 편린들』(2019, 동연), 『허난설헌 강의』(2021, 보고사) 등이, 역서로는 '한국의 한시' 총서 40여 권 외에 『삼국유사』, 『서유견문』 등이 있습니다.

허글

서울에서 태어나 연세대학교 옆에서 자라고 미국에서 문예창작을 전공한 후 로스쿨을 졸업했습니다. 변호사, 전략 컨설턴트, 금융인, 스타트업 창업자를 거쳐 이제 번역까지 문과 출신이 할 수 있는 것은 거의 다 해보았습니다.

내한선교사편지번역총서 20

언더우드 가족이 뉴욕대학교와 주고받은 편지

2025년 4월 10일 초판 1쇄 펴냄

지은이 언더우드 가족
옮긴이 허경진 · 허글
펴낸이 김흥국
펴낸곳 보고사

책임편집 김태희
표지디자인 김규범

등록 1990년 12월 13일 제6-0429호
주소 경기도 파주시 회동길 337-15
전화 031-955-9797(대표)
팩스 02-922-6990
메일 bogosabooks@naver.com
홈페이지 http://www.bogosabooks.co.kr

ISBN 979-11-6587-819-1
　　　　979-11-6587-265-6　94910(세트)

정가 23,000원

이 책은 SCL 그룹 이경률 회장의 지원을 받아 번역되었습니다.

〈이 번역서는 2020년 대한민국 교육부와 한국연구재단의 지원을 받아
　수행된 연구임(NRF-2020S1A5C2A02092965)〉